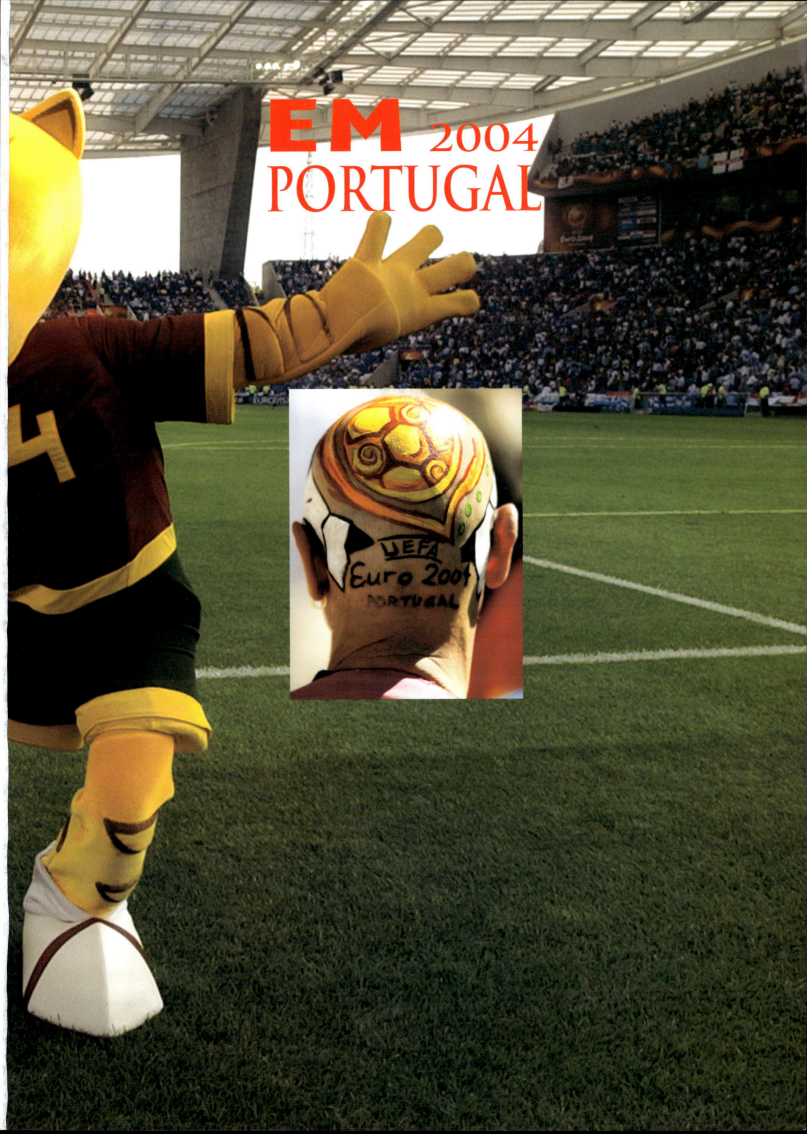

Berichte – Analysen – Kommentare

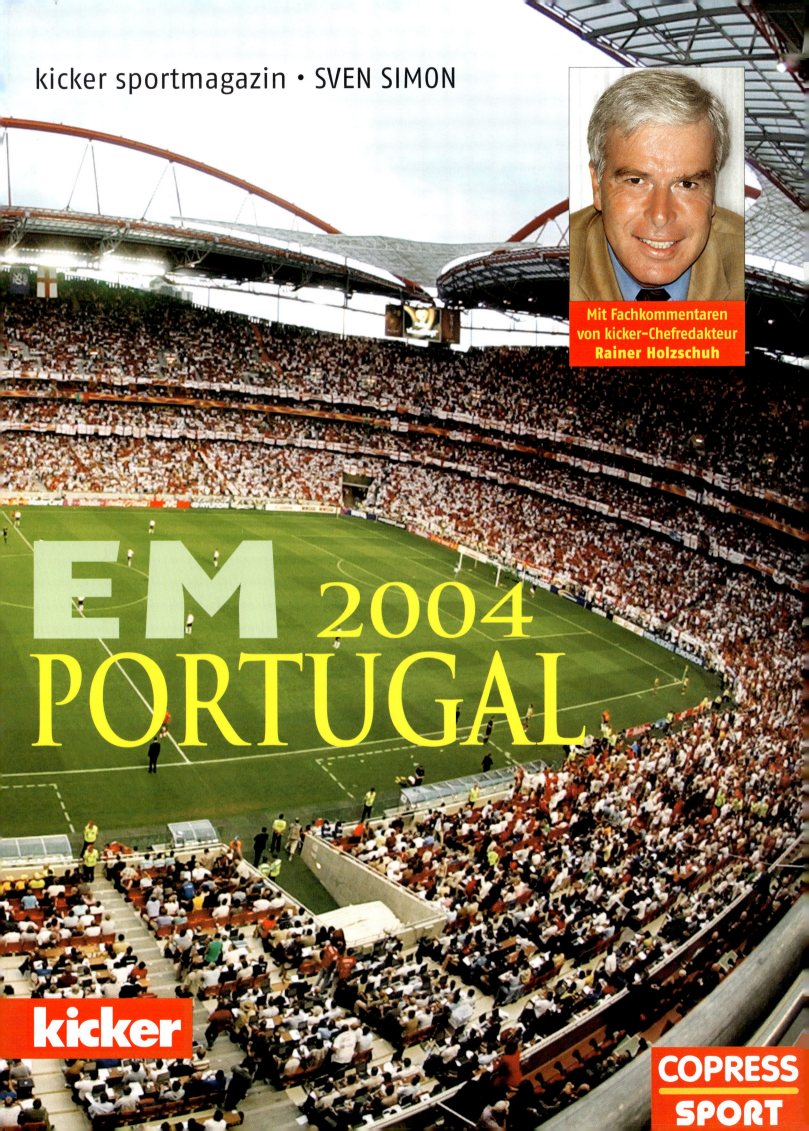

Inhalt

Eröffnung — 16
Portugal entdeckt die Welt — 16

Vorrunde Gruppe A — 20

Portugal – Griechenland 1:2
Portugals Depressionen nach Rehhagels Coup — 24

Spanien – Russland 1:0
Joker Valeron mit dem goldenen Treffer — 26

Griechenland – Spanien 1:1
Das unglaubliche Jahr des Angelos Charisteas — 28

Russland – Portugal 0:2
Portugals erstes Endspiel — 29

Russland – Griechenland 2:1
Kirichenkos Schnellschuss lässt die Griechen zittern — 30

Spanien – Portugal 0:1
Die triumphale Rückkehr des Nuno Gomes — 32

Vorrunde Gruppe B — 34

Schweiz – Kroatien 0:0
Magerkost im Duell der Außenseiter — 40

Frankreich – England 2:1
Zidanes Doppelpack schockt England — 42

England – Schweiz 3:0
Roonaldos erster Streich — 44

Kroatien – Frankreich 2:2
Frankreichs blaues Auge gegen die »Blinden« — 46

Schweiz – Frankreich 1:3
Warum Henry ins Schwitzen kam — 48

Schweizer Bilanz — 50
Mannschaft mit großem Pozential — 50

Kroatien – England 2:4
Paul Scholes gewöhnt sich ans Bleiben — 52

Vorrunde Gruppe C — 54

Dänemark – Italien 0:0
Kritik an Trap, Sperre für Totti — 58

Schweden – Bulgarien 5:0
Spielst du noch – oder triffst du schon? — 60

Bulgarien – Dänemark 0:2
Beton-Bulgaren mauern sich nach Hause — 62

Italien – Schweden 1:1
Das Zaubertor des Zlatan Ibrahimovic — 63

Italien – Bulgarien 2:1
Der Himmel weinte mit Italien — 64

Dänemark – Schweden 2:2
Tolles Spiel, tolles Ergebnis, beide weiter — 66

INHALT

Vorrunde Gruppe D — 68

Tschechien – Lettland 2:1
Rechenkünstler schlagen die Beton-Familie — 74

Deutschland – Niederlande 1:1
Spätes Oranje-Glück – unnachahmlich, artistisch, unhaltbar — 76

Lettland – Deutschland 0:0
Letten plätten – klarer Fall von Denkste — 80

Niederlande – Tschechien 2:3
Advocaats Feigheit verliert gegen Herz und Moral — 84

Niederlande – Lettland 3:0
Holland feiert – auch das Aus der Deutschen — 86

Deutschland – Tschechien 1:2
Nach dem Aus wirft Völler hin — 88

Vorrunde Kommentar — 92

Rainer Holzschuh:
»Legionäre sind Erfolgstypen – und die Nationalmannschaft braucht Hilfe der Bundesliga« — 92

Viertelfinale — 94

Portugal – England 2:2 n. V., 6:5 i. E.
Ricardo – Portugals Held ohne Handschuhe — 96

Frankreich – Griechenland 0:1
Zidane und Co vom neuen Zeus geschockt — 100

Schweden – Niederlande 0:0, 4:5 n. E.
»Elftal« besiegt den Elfer-Fluch — 104

Tschechien – Dänemark 3:0
Sonnyboy Baros mit dem Doppelschlag — 108

Viertelfinale Kommentar — 112

Rainer Holzschuh:
»Stoff für große Literaten« — 112

Halbfinale — 114

Portugal – Niederlande 2:1
Rekordmann Scolari und das Ende des Fado — 124

Griechenland – Tschechien 1:0 i. V. (Silver Goal)
Die Tränen des Pavel Nedved — 128

Finale — 132

Portugal – Griechenland 0:1
Die Großtaten des Otto Rehhagel — 132

Halbfinale/Finale Kommentar — 154

Rainer Holzschuh:
»Otto Rehhagel gebührt der größte Respekt« — 154

Statistik — 156

Alle Spiele der Endrunde 2004 — 156
Alle Europameister und ihre Endspielgegner — 156
Alle Torjäger der Endrunden seit 1960 — 156
Alle deutschen Torschützen der EM-Endrunden seit 1960 — 156
Die Spiele der Qualifikation — 157
Der Qualifikations-Modus — 159
Play-offs der Gruppenzweiten — 159

Das Wunder von Lissabon: Otto Rehhagels Griechen gewinnen als 100:1-Außenseiter die Europameisterschaft 2004.

Luis Figo (links oben) kämpfte und spielte sich mit Portugal bis ins Finale, während David Beckham mit England im Viertelfinale strauchelte, Raul (Spanien, links unten) und Alessandro del Piero (Italien, rechts unten) noch nicht einmal die Vorrunde überstanden.

Für die Tschechen Pavel Nedved (links oben) und Milan Baros (links unten) bedeutete das Halbfinale die Endstation, Zinedine Zidane (rechts oben) enttäuschte mit Frankreich, für Oliver Kahn geriet das deutsche Abschneiden zum Desaster.

Die Stürmer Ruud van Nistelrooy (Holland, oben links), Cristiano Ronaldo (Portugal, oben rechts), Henrik Larsson (Schweden, unten links) und Wayne Rooney (England) prägten die EURO mit ihren Toren.

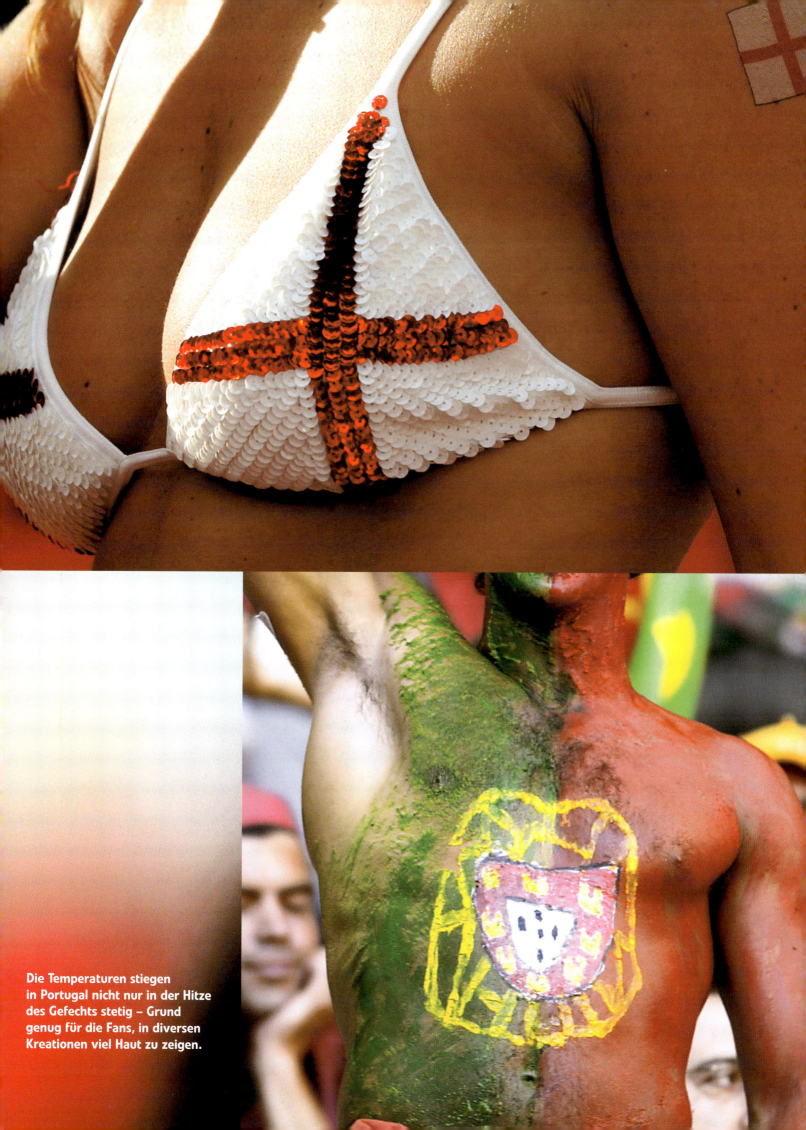

Die Temperaturen stiegen in Portugal nicht nur in der Hitze des Gefechts stetig – Grund genug für die Fans, in diversen Kreationen viel Haut zu zeigen.

Portugal entdeckt die Welt

Kurz, kreativ, klasse – entgegen den Gewohnheiten bei anderen Großereignissen in der jüngsten Vergangenheit zeigte sich Portugal zur Eröffnung der zwölften Europameisterschaft wohltuend bescheiden. Unter dem Motto »Portugal entdeckte die Welt – mit der EM 2004 wird die Welt nun Portugal entdecken«, das auch bei der Abschlussfeier vor dem Finale galt, wurde den 50 000 Fans knapp 15 Minuten lang eine farbenfrohe Vorstellung geboten. Auf dem grünen Rasen entstand blaues Meer – ganz der Gast gebenden Seefahrernation entsprechend. Und frei nach dem portugiesischen Entdecker Vasco da Gama, der 1497/98 das Kap der Guten Hoffnung umsegelte und so auf dem Seeweg nach Indien gelangte, bewegte sich ein Schiff durch das Meer der blauen Stofftücher im Estadio Dragao zu Porto, bevor sich diese flugs in die Nationalflaggen der 16 teilnehmenden Mannschaften verwandelten. Zum Klang von Böllerschüssen bildeten die Darsteller in überdimensionaler Größe danach das Logo des Endrunden-Turniers. Als UEFA-Präsident Lennart Johansson schließlich feierlich die EM für eröffnet erklärte, wurde alles wieder grün – und die 22 Akteure in kurzen Hosen hatten ihrem Auftrag gemäß die Verantwortung übernommen. Für 23 Tage drehte sich zumindest der europäische Teil der Welt um den Roteiro, jenen silbernen Ball, den es galt, möglichst oft in des Gegners Kasten zu versenken. Bis zu dem Tag, als Nelly Furtado für die beiden Finalisten ihr »Forca« intonierte, die offizielle Hymne. »Stärke« heißt es übersetzt, und diese bewies das Gastgeberland nicht nur bei dieser Eröffnung.

ERÖFFNUNG

Das deutsche Team
Alle 23 Spieler der EM 2004

(Stand der Angaben: Bei EM-Beginn)

Oliver Kahn (1)
Bayern München
Geboren am 15. Juni 1969 in Karlsruhe
Größe: 1,88 m, Gewicht: 88 kg
Länderspiele: 69

Andreas Hinkel (2)
VfB Stuttgart
Geboren am 26. März 1982 in Backnang
Größe: 1,83 m, Gewicht: 74 kg
Länderspiele: 6

Arne Friedrich (3)
Hertha BSC Berlin
Geboren am 29. Mai 1979 in Bad Oeynhausen
Größe: 1,85 m, Gewicht: 78 kg
Länderspiele: 19

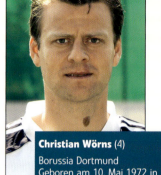

Christian Wörns (4)
Borussia Dortmund
Geboren am 10. Mai 1972 in Mannheim
Größe: 1,84 m, Gewicht: 80 kg
Länderspiele: 56

Fredi Bobic (9)
Hertha BSC Berlin
Geboren am 30. Oktober 1971 in Maribor/Slowenien
Größe: 1,88 m, Gewicht: 82 kg
Länderspiele: 35

Kevin Kuranyi (10)
VfB Stuttgart
Geboren am 2. März 1982 in Rio de Janeiro/Brasilien
Größe: 1,89 m, Gewicht: 80 kg
Länderspiele: 12

Miroslav Klose (11)
1. FC Kaiserslautern
Geboren am 9. Juni 1978 in Oppole/Polen
Größe: 1,82 m, Gewicht: 74 kg
Länderspiele: 38

Jens Lehmann (12)
FC Arsenal
Geboren am 10. November 1969 in Essen
Größe: 1,90 kg, Gewicht: 87 kg
Länderspiele: 18

Christian Ziege (17)
Tottenham Hotspur
Geboren am 1. Februar 1972 in Berlin
Größe: 1,86 m, Gewicht: 82 kg
Länderspiele: 72

Fabian Ernst (18)
Werder Bremen
Geboren am 30. Mai 1979 in Hannover
Größe: 1,83 m, Gewicht: 80 kg
Länderspiele: 7

Bernd Schneider (19)
Bayer Leverkusen
Geboren am 17. November 1973 in Jena
Größe: 1,76 m, Gewicht: 74 kg
Länderspiele: 37

Lukas Podolski (20)
1. FC Köln
Geboren am 4. Juni 1985 in Gleiwice/Polen
Größe: 1,80 m, Gewicht: 81
Länderspiele: 1

Jens Nowotny (5)
Bayer Leverkusen
Geboren am 11. Januar 1974
in Malsch
Größe: 1,87 m, Gewicht: 87 kg
Länderspiele: 43

Frank Baumann (6)
Werder Bremen
Geboren am 29. Oktober 1975
in Würzburg
Größe: 1,87 m, Gewicht: 79 kg
Länderspiele: 24

Bastian Schweinsteiger (7)
Bayern München
Geboren am 1. August 1984 in
Kolbermoor
Größe: 1,80 m, Gewicht: 76 kg
Länderspiele: 1

Dietmar Hamann (8)
FC Liverpool
Geboren am 27. August 1973
in Waldsassen
Größe: 1,89 m, Gewicht: 76 kg
Länderspiele: 55

Michael Ballack (13)
Bayern München
Geboren am 26. September
1976 in Görlitz
Größe: 1,89 m, Gewicht: 86 kg
Länderspiele: 41

Thomas Brdaric (14)
Hannover 96
Geboren am 23. Januar 1975
in Nürtingen
Größe: 1,85 m, Gewicht: 78 kg
Länderspiele: 3

Sebastian Kehl (15)
Borussia Dortmund
Geboren am 13. Februar 1980
in Tann
Größe: 1,86 m, Gewicht: 80 kg
Länderspiele: 24

Jens Jeremies (16)
Bayern München
Geboren am 5. März 1974 in
Görlitz
Größe: 1,76 m, Gewicht: 77 kg
Länderspiele: 54

Philipp Lahm (21)
VfB Stuttgart
Geboren am 11. November
1983 in München
Größe: 1,70 m, Gewicht: 62 kg
Länderspiele: 6

Torsten Frings (22)
Borussia Dortmund
Geboren am 22. November
1976 in Würselen
Größe: 1,82 m, Gewicht: 80 kg
Länderspiele: 29

Timo Hildebrand (23)
VfB Stuttgart
Geboren am 5. April 1979 in
Worms
Größe: 1,85 m, Gewicht: 77 kg
Länderspiele: 1

Pech gehabt: Der von Rudi Völler zusammengestellte Kader zeigte sich in Portugal nicht konkurrenzfähig.

Triumph und Tränen: Während Otto Rehhagel und Angelos Charisteas mit den griechischen Fans die Sensation feierten, war für Spaniens Superstar Raul (unten rechts) die EURO bereits nach der Vorrunde beendet.

Portugal – Griechenland		1:2
Spanien – Russland		1:0
Griechenland – Spanien		1:1
Russland – Portugal		0:2
Spanien – Portugal		0:1
Russland – Griechenland		2:1
1. Portugal	3	4:2 6
2. Griechenland	3	4:4 4
3. Spanien	3	2:2 4
4. Russland	3	2:4 3

VORRUNDE
Gruppe A

**Portugal
Griechenland
Spanien
Russland**

Ein Favorit schon frühzeitig draußen, der Gastgeber ins Viertelfinale gezittert – und ein Deutscher auf dem Olymp. Otto Rehhagel schaffte mit Griechenland die große Überraschung, während Spanien um die Superstars Raul und Morientes bereits nach der Vorrunde den kurzen Heimweg antreten musste. Nicht mehr als ein Sparringspartner blieb die Auswahl der Russen, während sich Portugal nach desaströsem Start durch einen Kraftakt mit einem Sieg gegen den großen iberischen Bruder das späte Weiterkommen und sogar noch den Gruppensieg sicherte.

Portugal

1. Ricardo (Sporting Lissabon)
2. Paulo Ferreira (FC Porto)
3. Rui Jorge (Sporting Lissabon)
4. Jorge Andrade (Deportivo La Coruna)
5. Fernando Couto (Lazio Rom)
6. Costinha (FC Porto)
7. Figo (Real Madrid)
8. Petit (Benfica Lissabon)
9. Pauleta (Paris St. Germain)
10. Rui Costa (AC Mailand)
11. Simao (Benfica Lissabon)
12. Quim (Sporting Braga)
13. Miguel (Benfica Lissabon)
14. Nuno Valente (FC Porto)
15. Beto (Sporting Lissabon)
16. Ricardo Carvalho (FC Porto)
17. Cristiano Ronaldo (Manchester United)
18. Maniche (FC Porto)
19. Tiago (Benfica Lissabon)
20. Deco (FC Porto)
21. Nuno Gomes (Benfica Lissabon)
22. Moreira, Jose Filipe (Benfica Lissabon)
23. Helder Postiga (Tottenham Hotspur)

Trainer: Luis Felipe Scolari

Griechenland

1. Nikopolidis, Antonis (Panathinaikos)
2. Seitaridis, Georgios (Panathinaikos)
3. Venetidis, Stylianos (Olympiakos)
4. Dabizas, Nikolaos (Leicester City)
5. Dellas, Traianos (AS Rom)
6. Basinas, Angelos (Panathinaikos)
7. Zagorakis, Theodoros (AEK Athen)
8. Giannakopoulos, Stylianos (Bolton Wanderers)
9. Charisteas, Angelos (Werder Bremen)
10. Tsiartas, Vassilios (AEK Athen)
11. Nikolaidis, Themistoklis (Atletico Madrid)
12. Chalkias, Kostas (Panathinaikos)
13. Katergiannakis, Theofanis (Olympiakos)
14. Fyssas, Panagiotis (Benfica Lissabon)
15. Vryzas, Zisis (AC Florenz)
16. Kafes, Pantelis (Olympiakos)
17. Georgiadis, Georgios (Olympiakos)
18. Goumas, Ioannis (Panathinaikos)
19. Kapsis, Michalis (AEK Athen)
20. Karagounis, Georgios (Inter Mailand)
21. Katsouranis, Konstantinos (AEK Athen)
22. Papadopoulos, Dimitrios (Panathinaikos)
23. Lakis, Vassilios (AEK Athen)

Trainer: Otto Rehhagel

Spanien

1. Canizares, Santiago (FC Valencia)
2. Capdevila, Joan (Deportivo La Coruna)
3. Marchena, Carlos (FC Valencia)
4. Albelda, David (FC Valencia)
5. Puyol, Carles (FC Barcelona)
6. Helguera, Ivan (Real Madrid)
7. Raul (Real Madrid)
8. Baraja, Ruben (FC Valencia)
9. Torres, Fernando (Atletico Madrid)
10. Morientes, Fernando (AS Monaco)
11. Luque, Alberto (Deportivo La Coruna)
12. Gabri (FC Barcelona)
13. Aranzubia, Daniel (Athletic Bilbao)
14. Vicente (FC Valencia)
15. Raul Bravo (Real Madrid)
16. Xabi Alonso (Real Sociedad San Sebastian)
17. Etxeberria, Joseba (Athletic Bilbao)
18. Cesar (Deportivo La Coruna)
19. Joaquin (Real Betis Sevilla)
20. Xavi (FC Barcelona)
21. Valeron, Juan Carlos (Deportivo La Coruna)
22. Juanito (Real Betis Sevilla)
23. Casillas, Iker (Real Madrid)

Trainer: Inaki Saez

Russland

1. Ovchinnikov, Sergej (Lok Moskau)
2. Radimov, Vladislav (Zenit St. Petersburg)
3. Sychev, Dmitri (Lok Moskau)
4. Smertin, Alexej (FC Portsmouth)
5. Karyaka, Andrej (Krylia Sowj. Samara)
6. Semshov, Igor (Torpedo Moskau)
7. Izmailov, Marat (Lok Moskau)
8. Gusev, Rolan (ZSKA Moskau)
9. Bulykin, Dmitri (Dynamo Moskau)
10. Mostovoi, Alexandr (Celta Vigo)
11. Kerzhakov, Alexandr (Zenit St. Petersburg)
12. Malafeev, Vyacheslav (Zenit St. Petersburg)
13. Sharonov, Roman (Rubin Kazan)
14. Anyukov, Alexander (Krylia Sowj. Samara)
15. Alenichev, Dmitri (FC Porto)
16. Evseev, Vadim (Lok Moskau)
17. Sennikov, Dmitri (Lok Moskau)
18. Kirichenko, Dmitri (ZSKA Moskau)
19. Bistrov, Vladimir (Zenit St. Petersburg)
20. Loskov, Dmitri (Lok Moskau)
21. Bugaev, Alexej (Torpedo Moskau)
22. Aldonin, Evgeni (ZSKA Moskau)
23. Akinfeev, Igor (ZSKA Moskau)

Trainer: Georgy Yarzev

12. Juni 2004 in Porto
Portugal – Griechenland 1:2 (0:1)

PORTUGAL: Ricardo – Paulo Ferreira, Fernando Couto, Jorge Andrade, Rui Jorge – Costinha (66. Nuno Gomes), Maniche – Figo, Rui Costa (46. Deco), Simao (46. Cristiano Ronaldo) – Pauleta
GRIECHENLAND: Nikopolidis – Seitaridis, Kapsis, Dellas, Fyssas – Basinas, Zagorakis – Charisteas (74. Lakis), Karagounis (46. Katsouranis), Giannakopoulos (67. Nikolaidis) – Vryzas
Tore: 0:1 Karagounis (7.), 0:2 Basinas (51., Foulelfmeter), 1:2 Ronaldo (90./+3)
Gelbe Karten: Costinha, Pauleta – Karagounis, Seitaridis
Schiedsrichter: Meier (Schweiz)
Zuschauer: 48 761

Schock: Das Foul des eingewechselten Cristiano Ronaldo gegen Seitaridis (oben) sorgte für die Vorentscheidung, Portugals Superstar Luis Figo blieb unter seinen Möglichkeiten.

Portugal – Griechenland 1:2

Portugals Depressionen nach Rehhagels Coup

»Das antike Griechenland hatte zwölf Götter. Das heutige hat elf«, steht da geschrieben. In weißer Schrift auf der rechten Seite des Mannschaftsbusses, der die Nationalmannschaft Griechenlands in Portugal chauffiert. Ein Hauch von Hochmut? Oder reines Gottvertrauen? Fest steht: Nach dem 2:1 im Eröffnungsspiel gegen Gastgeber und EURO-Mitfavorit Portugal werden die Hellenen in ihrer Heimat erst recht angebetet.

Der Griechen Land im Ausnahmezustand. Und dafür verantwortlich: ein Mann, ein Deutscher – Otto Rehhagel, von den Menschen rund um den Olymp schon nach der erfolgreichen EM-Qualifika-

VORRUNDE Gruppe A

Der Anfang vom Ende: Der Treffer von Karagounis, der Maniche entwischte, nahm den Griechen früh den Respekt vor dem großen Favoriten.

tion mit dem Titel »Rehakles« geadelt, hat endgültig die Unsterblichkeit erreicht. Der Gott der elf Götter, die in ihren blauen Trikots eine nie für möglich gehaltenen Erfolgsstory geschrieben haben. Euphorie pur. Die Mannschaft, bei Rehhagels Amtsantritt im August 2001 ein Haufen von Individualisten ohne Ehrgeiz und Führung. Der Verband, eine Ansammlung ergrauter Würdenträger, die aus Länderspielen Lustreisen mit Kind und Kegel machten. Das Umfeld, eine gelangweilte Ansammlung von Fußballfans, für die der Vereinsfußball alles und die Nationalelf nichts zählte. Vergangenheit. Der 65-jährige Meistertrainer (mit Bremen und Lautern) krempelte alles um, setzte auf Blockbildung, appellierte an Stolz und Mannschaftsgeist der Spieler, förderte und forderte größere Professionalität in allen Bereichen.

Mit dem 2:1 haben die Griechen endgültig Einzug in die Geschichtsbücher des Fußballs gehalten. Noch nie hatte das Land eine Mannschaft, gespickt mit so vielen international erfahrenen und umworbenen Akteuren. Zum Beispiel Bremens Charisteas, der im Sturm wirbelte, Fyssas (Sporting Lissabon), der Figos Wirken einengte, Karagounis (Inter Mailand), dessen 1:0 der 350. Treffer einer EURO war, Dellas (AS Rom), den Rehhagel angesichts seiner 1,97 Meter zum »neuen Koloss von Rhodos« ernannte, oder Seitaridis, der ausgerechnet in Porto, wo er künftig für den Champions-League-Sieger FC Porto spielen wird, den vorentscheidenden Elfer zum 2:0 herausholte. »Aus großen Individualisten hat sich ein echtes Team entwickelt«, lobt Otto Rehhagel, »ein wunderbarer Sieg, ein Höhepunkt für den griechischen Fußball.« Und für ihn selbst »einer meiner größten Erfolge.«

Eine der bittersten Niederlagen war es dagegen für Luis Figo, der mit so großen Erwartungen und Hoffnungen ins Turnier gegangen war. »Möglicherweise ist es die letzte Chance, einen Titel zu holen«, meinte der portugiesische Superstar im Vorfeld. Seine wird es in jedem Fall sein, denn Figo wird nach dem Ende der EURO seine Karriere im Nationaltrikot beenden. Und auch für andere Stars wie zum Beispiel Rui Costa, der zusammen mit Figo 1991 U-20-Weltmeister geworden war und für die damals ausgerufene »Goldene Generation« steht.

Statt für Erfolg schafften es die beiden Freunde allerdings allenfalls für Ärger zu sorgen. Ausgerechnet an heimischer Wirkungsstätte saß Spielmacher Deco von Champions-League-Sieger FC Porto nur auf der Ersatzbank, weil Luis Figo und Rui Costa im Mittelfeld gesetzt waren. Eine Personalie mit Konfliktpotenzial, gibt Figo doch offen zu, kein Freund des eingebürgerten Brasilianers zu sein. »Wenn man Chinese ist, spielt man für China«, so Figo. »Die Leute in Spanien wären auch nicht glücklich, wenn ich mich einbürgern ließe und für Spanien spielen würde.«

Entsprechend agierten Figo und Deco, der für Rui Costa gekommen war, in der zweiten Halbzeit mehr aneinander vorbei als miteinander.

So stürzte ein ganzes Volk innerhalb von 90 Minuten von ihrer Feierlaune in tiefe Trauerstimmung. Die einstmals große Seefahrer-Nation erlitt Schiffbruch. Den Nachkommen der Vasco da Gama und Magellan steht das Wasser gleich nach dem ersten Spiel vor heimischer Kulisse bis zum Hals.

12. Juni 2004 in Faro
Spanien – Russland 1:0 (0:0)

SPANIEN: Casillas – Puyol, Helguera, Marchena, Raul Bravo – Albelda, Baraja (59. Xabi Alonso) – Etxeberria, Raul (78. Torres), Vicente – Morientes (59. Valeron).
RUSSLAND: Ovchinnikov – Evseev, Smertin, Sharonov, Sennikov – Aldonin (68. Sychev – Gusev (46. Radimov), Alenichev, Mostovoi, Izmailov (74. Karyaka) – Bulykin
Tor: 1:0 Valeron (60.)
Gelbe Karten: Marchena, Albelda, Baraja – Gusev, Smertin, Aldonin, Radimov
Gelb-Rote Karte: Sharonov (88.)
Schiedsrichter: Meier (Schweiz)
Zuschauer: 28 100

Entscheidung: Erst kurz zuvor für Fernando Morientes eingewechselt, erzielte Juan Carlos Valeron nach einer Stunde das 1:0 und sorgte somit für einen geglückten Start der Spanier.

Spanien – Russland 1:0

Joker Valeron mit dem goldenen Treffer

»Die taktischen Varianten in den ersten 35 Minuten waren sensationell.« Spanien-Kenner Uli Stielike, von 1977 bis 1985 bei Real Madrid, schwärmte vom ersten Auftritt des EM-Mitfavoriten. Raul, Morientes und Co. brannten in der ersten halben Stunde ein Taktik-Feuerwerk ab, wechselten in den einzelnen Mannschaftsteilen von Dreier- auf Viererkette, verschoben die Spieler von links nach rechts, von vorne nach hinten. Nur in der Chancenverwertung haperte es. Raul war zwar fleißig, knüpfte bei der EURO aber gleichzeitig an die Ladehemmung an, unter der er in der spanischen Meisterschaft litt, als er mit Real Madrid den Titel klar verfehlte.

Russland kam das entgegen, da die Defensive völlig neu formiert werden musste. Trainer Georgy Yarzev hatte die verletzten Stammverteidiger Viktor Onopko und Sergei Ignashevich ersetzen müssen. Ebenso Dmitri Sennikov und Roman Sharonov, die an kleineren Blessuren litten. Mittelfeldspieler Aleksei Smertin sollte in seine neue Rolle in der Innenverteidigung hineinwachsen. Aus dem Duell gegen Fernando Morientes ging Smertin als Punktsieger hervor. Die Spanier versuchten es meist über die Flügel, ohne dabei allzu große Torgefahr auszustrahlen. Farbe kam nur ins Spiel, weil Schiedsrichter Urs Meier aus der Schweiz nicht an Karten sparte (sieben Gelbe, eine Gelb-Rote).

Juan Carlos Valeron, der für Morientes eingewechselt wurde, machte es dann besser als sein Vorgänger. Die Nummer 21 der Spanier war gerade 35 Sekunden auf dem Platz, als Valeron Smertin enteilte, ein Zuspiel von Carles Puyol annahm, sich die Zeit gönnte, den Ball vom rechten auf den linken Fuß zu legen, bevor er platziert ins untere linke Eck abzog. Russlands Stammkeeper Sergei Ovchinnikov war zwar mit den Fingerspitzen dran, ihn am Torpfosten vorbei zu bugsieren, schaffte er jedoch nicht mehr.

Damit war Valeron der große Star des ersten Spiels. Der 29 Jahre alte, offensive Mittelfeldspieler sorgte dafür, dass in seinem Heimatland 40 Jahre nach dem letzten EM-Titel die Hoffnung auf einen erneuten großen Wurf aufkeimte. Mit einem der schnellsten Joker-Tore in der EURO-Geschichte been-

VORRUNDE
Gruppe A

Kritik: Russlands enttäuschender Spielmacher Alexandr Mostovoi machte nach der Partie Trainer Georgy Yarzev für die Niederlage verantwortlich – und wurde suspendiert.

dete er das Auftakttrauma der Spanier, die in den vergangenen 24 Jahren nur einmal mit einem Sieg in ein Endturnier einer Europameisterschaft gestartet waren. »Es ist immer wichtig, das erste Spiel zu gewinnen, dann kann man beruhigter die nächsten Aufgaben angehen«, freute sich der Matchwinner.

Der erste Gedanke von Valeron galt seinem Bruder Pedro. Alle Teamgefährten waren bereits vom Feld, da hielt er im durchschwitzten Unterhemd noch immer Ausschau nach ihm. Pedro sollte das rote Trikot bekommen, in dem er seinen fünften und bisher wichtigsten Länderspieltreffer erzielte. Gefunden hat er ihn nicht, »da habe ich das Trikot mit einem Russen getauscht«. »Mit Valeron haben wir druckvoller gespielt«, meinte Trainer Inaki Saez, dessen Traumduo mit Kapitän Raul und Fernando Morientes enttäuschte. »Ich konnte Valeron aber nicht früher einwechseln, das wäre Selbstmord gewesen«, rechtfertigte er sein Handeln.

»Ich bin verantwortlich für die Niederlage. Wir hatten in der Defensive nicht die nötige Ordnung«, betonte unterdessen Russlands Trainer Georgy Yarzev. Die Spieler dankten dem Coach die Rückendeckung nicht. »Wir sind völlig erschöpft von den Trainingsbelastungen, die uns der Trainerstab auferlegt hat«, sagte der in die Jahre gekommene Superstar Alexandr Mostovoi, der im August 36 wird.

Die Russen verloren neben der Punkte zwei Minuten vor Schluss auch Abwehrspieler Roman Sharonov, der wegen wiederholten Foulspiels die Gelb-Rote Karte sah und damit im zweiten Gruppenspiel gegen Portugal gesperrt war.

Überflieger: Mit Werder Bremen schaffte Angelos Charisteas (rechts unten) das Double, dank seines Ausgleichstreffers gegen Spanien blieb Griechenland im EM-Rennen.

Griechenland – Spanien 1:1

Das unglaubliche Jahr des Angelos Charisteas

Der Traum der Griechen geht weiter. Nach dem 1:1 gegen Spanien reichte dem Team von Otto Rehhagel im abschließenden Spiel der Gruppe A nun bereits ein Unentschieden gegen die ausgeschiedenen Russen zum Einzug ins Viertelfinale. »Für den griechischen Fußball hat sich eine einmalige Chance ergeben. Die wollen wir nutzen«, strahlte »König Rehakles«. Das Kind der Bundesliga steht mit 65 Jahren vor einem historischen Höhepunkt seiner Trainerkarriere.

Und es war ein Bundesligaprofi, der für unglaubliche Begeisterung in Griechenland sorgte. Angelos Charisteas, trotz Double-Gewinn bei Werder Bremen als Einwechselspieler unzufriedener Stürmer, traf zum glücklichen Ausgleich. »Es ist natürlich ein Traum, dass mir dieser wichtige Treffer geglückt ist. Spanien hat besser gespielt. Doch jetzt ist für uns alles möglich«, glaubte der 24-Jährige – und zeigte sich gespannt, wie seine Mannschaft gegen Russland in ungewohnter Rolle agieren würde: »Wir haben zwei tolle Spiele gemacht, waren zwei Mal krasser Außenseiter. Nun ist es anders, wird es schwieriger, weil wir Favorit sind.«

Mit seinem neunten Länderspieltor hatte Charisteas Spanien ins Herz getroffen, beim fußballbegeisterten König Juan Carlos auf der Ehrentribüne Entsetzen ausgelöst. Der Monarch war eigens aus Madrid zur Unterstützung der spanischen Elf ins Bessa-Stadion nach Porto gekommen, hatte fest mit dem zweiten Sieg und damit vorzeitigen Einzug ins Viertelfinale gerechnet. Kapitän Raul sah allerdings keinen Anlass für derartige Befürchtungen: »Gegen bessere Fußballer tun wir uns leichter. Portugal liegt uns mehr als Griechenland.«

Die Punkteteilung in Porto war ärgerlich, weil völlig unnötig für die Spanier. Die wollten unbedingt die Revanche für die Niederlage in der EM-Qualifikation, als Griechenland Gruppenerster wurde und die Stars aus Madrid, Barcelona und Valencia in die Relegation gegen Norwegen schickte.

Trainer Inaki Saez vertraute der Formation vom Auftaktsieg gegen Russland. Sein Kollege Rehhagel hingegen verstärkte die Defensive, ersetzte Angelos Basinas durch Konstantinos Katsouranis als Sonderbewacher für Raul. Michalis Kapsis fiel die Aufgabe zu, Fernando Morientes zu beschatten. Schachzüge, die nicht aufgingen. Denn die griechischen Defensivspezialisten bekamen ihre Gegenspieler nicht in den Griff. Spanien entwickelte von Beginn an enormen Druck, brachte Rehhagels »Helden« immer weder in die Bredouille. Die mitunter rustikalen Griechen wussten sich einige Mal nur mit übertriebener Härte zu helfen. Die Quittung waren drei Verwarnungen schon in der ersten halben Stunde. Für Georgios Karagounis, den Schützen des ersten EM-Tores, hatte das derbe Einsteigen Folgen. Die Gelbe Karte war bereits die zweite; er musste im abschließenden Gruppenspiel gegen Russland gesperrt zuschauen.

Mit ihrem ersten Torschuss gingen die spielfreudigen Spanier verdient in Führung, in der Folgezeit versäumte es der Favorit allerdings, den Vorsprung auszubauen. Als Rehhagel umstellte, mit den Offensivkräften Themistoklis Nikolaidis und Vassilios Tsiartas das Risiko erhöhte, geriet Spanien in Bedrängnis. Tsiartas war es, der mit einem sehenswerten Pass Charisteas zum 1:1 bediente. Ein Tor, das zu diesem Zeitpunkt dennoch überraschte.

Spanien wirkte jedoch keineswegs geschockt, blieb am Drücker, erspielte sich noch einige gute Möglichkeiten, die Partie zu entscheiden. Die beste Chance vergab der aufgerückte Helguera (75.), als er eine platzierte Hereingabe Torwart Antonis Nikopolidis genau in die Arme köpfte. Spaniens Trainer Saez wollte seinem Team trotz des enttäuschenden Ergebnisses dennoch keinen Vorwurf machen: »Wir haben den Ball und den Gegner kontrolliert. Leider wurde der einzige Fehler bestraft.«

16. Juni 2004 in Porto
Griechenland – Spanien 1:1 (0:1)

GRIECHENLAND: Nikopolidis – Seitaridis, Kapsis, Dellas, Fyssas (86. Venetidis) – Zagorakis, Katsouranis, Karagounis (53. Tsiartas) – Charisteas, Vryzas, Giannakopoulos (49. Nikolaidis)
SPANIEN: Casillas – Puyol, Helguera, Marchena, Raul Bravo – Albelda, Baraja – Etxeberria (46. Joaquin), Raul (80. Fernando Torres), Vicente – Morientes (65. Valeron)
Tore: 0:1 Morientes (28.), 1:1 Charisteas (66.)
Gelbe Karten: Katsouranis, Giannakopoulos, Karagounis, Zagorakis, Vryzas – Marchena, Helguera
Schiedsrichter: Michel (Slowakei)
Zuschauer: 25 444

VORRUNDE Gruppe A

Trendwende: Mit Deco (links), im ersten Spiel noch auf der Bank, kam Kreativität ins portugiesische Spiel, Maniche (unten) brach den Bann.

Russland – Portugal 0:2

Portugals erstes Endspiel

Unverhofft erlebte Lissabon bereits an diesem fünften Turniertag ein erstes Endspiel – eines, auf das vor allem die Gastgeber gerne verzichtet hätten. Nach ihren jeweiligen Auftaktniederlagen standen beide Teams ohnehin mit dem Rücken zur Wand. Doch die Lage spitzte sich dramatisch zu, als sich in der anderen, dieser Partie vorausgegangenen Begegnung Griechenland und Spanien 1:1 unentschieden trennten. Damit stand fest: Der Traum vom Weiterkommen würde für den Verlierer dieses Spiels definitiv bereits jetzt platzen.

Immens also der Druck für beide Seiten, doch einer bekam ihn besonders zu spüren. Luis Felipe Scolari, dem Trainer der Portugiesen, hatte nicht einmal seine förmliche Entschuldigung bei den Fans für die Auftaktpleite gegen die Griechen geholfen, aus dem Kreuzfeuer zu gelangen. Gegen Russland nun trat der brasilianische Coach, der sein Heimatland 2002 zum Weltmeister-Titel gegen Deutschland geführt hatte, eine gewagte Flucht nach vorn an, verbannte unter anderem mit Rui Costa, dem ausgewiesenen Freund von Superstar Luis Figo, und Fernando Couto zwei feste Größen aus der Startelf, ersetzte sie durch zwei Champions-League-Gewinner vom FC Porto: Regisseur Deco und Innenverteidiger Ricardo Carvalho.

Auch bei den Russen hing vor dem Anpfiff der Haussegen schief. Für Aufregung ganz anderer Art sorgte hier Galionsfigur Alexandr Mostovoi, der die Vorbereitung unter Trainer Georgy Yarzev öffentlich für die Schlappe gegen Spanien verantwortlich gemacht hatte. Diese Art der Kritik war den russischen Verantwortlichen derart sauer aufgestoßen, dass sie den exzentrischen Star schnurstracks auf direktem Weg zurück in die Heimat geschickt hatten. Auf dem Rasen bekamen zuerst die Portugiesen ihre Nerven in den Griff. Scolaris Variante mit Figo und Deco als neuem Kreativduo erwies sich früh als Gewinn bringend, denn Deco legte zum Führungstreffer durch Maniche auf. Ruhe in die Aktionen der Gastgeber brachte dies freilich nicht. Und so musste ihnen die bis zu diesem Zeitpunkt des Turniers umstrittenste Schiedsrichterentscheidung auf die Siegerstraße helfen. Es war die 45. Minute, als ausgerechnet der für Mostovoi in die russische Mannschaft gekommene Loskov einen zu kurzen Rückpass Richtung Torhüter Ovchinnikov spielte. Der klärte zwar außerhalb des Strafraums gegen den herannahenden Portugiesen Pauleta – nach Auffassung des norwegischen Unparteiischen Hauge jedoch unter Zuhilfenahme der Hand. Folge: Platzverweis für den Keeper – ausgerechnet in jenem Stadion, in dem er selbst einst zwei Jahre für Benfica Lissabon zwischen den Pfosten gestanden hatte.

Wer in der zweiten Halbzeit an einen Spaziergang Portugals gegen den nun dezimierten Gegner geglaubt hatte, wurde jedoch eines Besseren belehrt. Nach wie vor fehlte dem Spiel des Favoriten die Genauigkeit, die Russen mühten sich nach Kräften. Und obwohl diese ebenfalls Mängel im Aufbau zeigten und die Offensivabteilung mit Kerzhakov und den zurückhängenden Izmailov und Karyaka kaum gefährlich vor dem Kasten von Ricardo aufkreuzte, reichte die tapfere Gegenwehr aus, um bei den Portugiesen die Angst vor dem frühen Scheitern von Minute zu Minute ansteigen zu lassen.

So dauerte es bis kurz vor dem Ende, bis Joker Rui Costa seine Farben erlöste. Die Nation jubelte, die so genannte »Goldene Generation« durfte bei ihrem letzten Anlauf im eigenen Land weiter auf den Triumph hoffen – allerdings mischte sich in die Freude schnell die Gewissheit, sich für einen nun noch zwingend nötigen Sieg gegen den Erzrivalen Spanien im letzten Gruppenspiel erheblich steigern zu müssen. Ein weiteres Finale also folgte. Für Figo, für Deco – und ganz besonders für Trainer Scolari.

---

16. Juni 2004 in Lissabon
Russland – Portugal
0:2 (0:1)

RUSSLAND: Ovchinnikov – Evseev, Smertin, Bugaev, Sennikov – Aldonin (45./+2 Malafeev) – Alenichev, Loskov, Karyaka (79. Bulykin) – Izmailov (72. Bystrov) – Kerzhakov

PORTUGAL: Ricardo – Miguel, Jorge Andrade, Ricardo Carvalho, Nuno Valente – Costinha – Simao (63. Rui Costa), Maniche, Deco, Figo (78. Cristiano Ronaldo) – Pauleta (57. Nuno Gomes)

Tore: 0:1 Maniche (7.), 0:2 Rui Costa (89.)

Gelbe Karten: Evseev, Smertin, Alenichev – Ricardo Carvalho, Deco

Rote Karte: Ovchinnikov (45., Handspiel außerhalb des Strafraums)

Schiedsrichter: Hauge (Norwegen)

Zuschauer: 55 000

Glücklicher Verlierer: Trotz der Niederlage gegen die Russen zog Griechenland mit Otto Rehhagel ins Viertelfinale ein.

Russland – Griechenland 2:1

Kirichenkos Schnellschuss lässt die Griechen zittern

Das Fell des russischen Bären schien bereits verteilt, bevor er erlegt war. Hier die Mannschaft von Trainer Georgy Yarzev, nach zwei enttäuschenden Niederlagen und schwachen Leistungen schon sicher aus dem Turnier geflogen. Da das Überraschungsteam von Otto Rehhagel, bisher durch hohe Disziplin und sicheres Abwehrverhalten positiv aufgefallen, das lediglich ein Pünktchen brauchte, um das Erreichen des Viertelfinales unabhängig vom Ausgang des Spiels Spanien gegen Portugal und gleichzeitig den größten Erfolg in der griechischen Fußball-Geschichte zu sichern. Was sollte also noch schiefgehen?

Doch nach nur 67 Sekunden kam alles anders. Zu diesem Zeitpunkt erzielte Dmitri Kirichenko das schnellste Tor der EM-Geschichte, das ihn und seine Kollegen ebenso beflügelte wie die Tatsache, dass man nichts mehr zu verlieren hatte. Für die Griechen wurde diese Leichtigkeit des Seins unerträglich, zumal die Aussicht auf die naheliegende sportliche Sensation die Köpfe hemmte und die Füße bremste.

Hatte vor dem schnellen 0:1 Konstantinos Katsouranis nahezu dilettantisch über den Ball geschlagen, ließ der 1,96 Meter große Traianos Dellas, von Rehhagel achtungsvoll »Koloss von Rhodos« genannt, vor dem zweiten Gegentreffer Dmitri Bulykin nach einem Eckball sträflich frei zum Kopfball kommen. Und der Weg auf den Fußball-Olymp wäre wohl endgültig verbaut gewesen, wenn Andrei Karyaka, immerhin zweitbester russischer Torschütze während der EM-Qualifikation, den Ball in der 24. Minute aus optimaler Position nicht volley in den Abendhimmel von Faro, sondern in das Tor von Antonis Nikopolidis gejagt hätte.

Mit der Einwechslung von Vassilios Tsiartas für den glücklosen Angelos Basinas noch vor der Halb-

---

20. Juni 2004 in Faro
Russland – Griechenland 2:1 (2:1)

RUSSLAND: Malafeev – Anyukov, Sharonov (56. Sennikov), Bugaev, Evseev – Gusev, Radimov, Karyaka (46. Semshov) – Alenichev – Bulykin (46. Sychev), Kirichenko
GRIECHENLAND: Nikopolidis – Seitaridis, Dellas, Kapsis, Venetidis (89. Fyssas) – Basinas (42. Tsiartas), Katsouranis, Zagorakis – Charisteas, Vryzas, Papadopoulos (70. Nikolaidis)
Tore: 1:0 Kirichenko (2.), 2:0 Bulykin (17.), 2:1 Vryzas (43.)
Gelbe Karten: Sharonov, Anyukov, Karyaka, Alenichev, Radimov, Malafeev – Dellas, Vryzas
Schiedsrichter: Veissière (Frankreich)
Zuschauer: 24 000

**VORRUNDE
Gruppe A**

zielte. Denn nun war klar: Ein dritter russischer Treffer hätte wieder das Aus für Griechenland bedeutet, und er lag mehrfach in der Luft. Letztmalig in der 87. Minute, als nacheinander Dmitri Kirichenko und Rolan Gusev nur hauchdünn an einer flachen Hereingabe von Alexej Bugaev vorbeirutschten.

Selten wurde eine Niederlage enthusiastischer bejubelt und frenetischer gefeiert als das 1:2 der Griechen gegen Russland. Selbst Premierminister Kostas Karamanlis ließ es sich nicht nehmen, noch am Abend seine Glückwünsche zu diesem überragenden und nie erwarteten Erfolg auszusprechen: »Ich gratuliere dem Nationaltrainer, seinen Mitarbeitern und allen, die zum Erfolg beigetragen haben. Ich hoffe, dass sich dieser historische Erfolg fortsetzt.« In den Straßen von Athen wurde die Nacht zum Tag gemacht, zahlreiche Fernsehsender, die keine Übertragungsrechte besaßen, zeigten stundenlang Bilder von den Feiern auf den Straßen. »Dass wir uns für die Endrunde qualifizierten, war schon eine Sensation. Was wir jetzt geschafft haben, das ist die Mega-Sensation, das hat ganz Griechenland in einen Ausnahmezustand versetzt«, jubelte der Trainer, der nun endgültig zum »Rehakles« geworden war.

Völlig konträr dagegen die Stimmung in Russland, trotz des Sieges, dem ersten bei einer EM seit dem 2:0 im Halbfinale über Italien am 22. Juni 1988 in Deutschland. Die öffentliche Meinung forderte radikale Schnitte, natürlich zuerst in der Person von Georgy Yarzev, obwohl der Vertrag mit dem Trainer bis zur WM 2006 datiert war.

Verlängerung: Unerwartet konnten die hellenischen Fans ihr Team noch weiter in Portugal begleiten – auch wenn die Griechen, hier Kapsis gegen Bulykin (großes Bild), zumeist einen Schritt zu spät kamen.

zeitpause beruhigte Rehhagel die Nerven seiner Leute und wurde für seinen Schachzug mit dem Anschlusstreffer durch Zisis Vryzas vom AC Florenz belohnt.

Doch das Zittern erreichte wieder Höchstwerte auf der nach oben offenen Espenlaub-Skala, als Nuno Gomes in Lissabon im parallel stattfindenden Spiel gegen Spanien das 1:0 für Portugal er-

VORRUNDE Gruppe A

Spanien – Portugal 0:1

Die triumphale Rückkehr des Nuno Gomes

Finale furioso: Fast auf den letzten Drücker sicherte sich Portugal das Viertelfinalticket, Nuno Gomes (unten) ließ Casillas beim Treffer keine Chance. Figo und Raul, die Real-Stars (oben), blieben blass.

Allein der Umstand, dass der kleine Bruder den großen überflügelt hat, hätte ausgereicht, dem Duell der beiden Nachbarn die Note des Besonderen zu verleihen. Durch den Siegtreffer von Nuno Gomes, erzielt in der 57. Minute, aber nahm das Kräftemessen gar ein dramatisches Ende: Portugal, als hoch eingeschätzter Gastgeber stotternd ins Turnier gestartet, rettete sich in die nächste Runde und Spanien, wieder mal als Mitfavorit gehandelt, strich nach den Viertelfinal-Teilnahmen 1996 und 2000 erneut frühzeitig die Segel.

Inaki Saez war knapp eine Stunde nach Spielende um Fassung bemüht, als sich Lissabons Straßen schon in eine farbenfrohe Partymeile verwandelt hatten. Spaniens Trainer versuchte, fachlich und sachlich zu analysieren, weshalb sein Team 0:1 unterlag und nach Hause musste. »Wir haben zu wenig Tore geschossen«, presste er hervor. Und zwar sowohl im Spiel gegen das Gastgeberland als auch im gesamten Turnierverlauf. Zwei erzielte Treffer standen im krassen Missverhältnis zu den teilweise ansehnlich herausgespielten Chancen. Vor allem gegen Griechenland, aber auch nach abwartender erster Hälfte gegen Portugal hatte es Saez' Team selbst auf dem Fuß – »aber es hat einfach nicht gereicht und darüber sind wir sehr enttäuscht«.

Einen Ausblick auf die WM 2006 in Deutschland wagte der Coach selbst im Moment der bitteren Niederlage. »Ich habe eine junge Mannschaft, die in zwei Jahren sicher besser dastehen wird.« Saez hatte vor dem entscheidenden Spiel viel gewagt, Ruben Baraja und Fernando Morientes draußen gelassen, dafür mit Fernando Torres und Xabi Alonso frische Kräfte gebracht – und letztlich alles verloren.

Eine verjüngte Elf hatte auch Luiz Felipe Scolari aufgeboten, mit Rui Costa und Fernando Couto erneut zwei Vertreter der »goldenen Generation« der U-20-Weltmeister von 1991 durch Jungspunde ersetzt. Einer davon sorgte auch an jenem Juni-Sonntag durch spektakuläre Dribblings für Aufregung: Cristiano Ronaldo, trickreiches Supertalent in Diensten von Manchester United. Gemeinsam mit Luis Figo, dem letzten Verbliebenen von 1991, bildete er die Flügelzange, und setzte, auch das verdeutlicht den Generationswechsel, mehr Glanzlichter als der »Altmeister«. Für Oldie Figo hätte das Bruderduell im Fall eines Misserfolgs das Ende seiner Nationalmannschaftskarriere bedeutet. »Nach der EM ist Schluss«, hatte das 31-jährige Idol bereits vor Turnierbeginn verkündet. Um Haaresbreite wäre das 107. Länderspiel sein letztes gewesen.

Scolari aber hatte am Ende alles richtig gemacht. Vergessen war der Fehlstart gegen Griechenland und der martialische Vergleich im Vorfeld der Partie gegen die Spanier. »Das ist Krieg. Und im Krieg heißt es töten oder getötet werden«, hatte sich der Trainer in der Wortwahl vergriffen. Anschließend jubelte er nach einem mitreißenden Spiel: »Wir haben Portugal einen Tag der Freude geschenkt.« Dass auf den Tag genau 23 Jahre nach dem letzten Sieg gegen Spanien Nuno Gomes der Held und Retter war, passte ebenfalls in die Dramaturgie. Der Stern des heute 27-jährigen Angreifers war bei der EURO 2000 aufgegangen, als er mit vier Toren maßgeblich an der Halbfinal-Teilnahme der Portugiesen beteiligt war. Genau dort jedoch hatte auch sein Absturz begonnen: Sieben Monate Sperre nach einem Rempler gegen den Schiedsrichter im Spiel gegen Frankreich, dann der Konkurs des Arbeitgebers AC Florenz und die ablösefreie Rückkehr zu Benfica Lissabon. In der Nationalelf war er zumeist nur noch Joker. Einer, der gegen Spanien stach. Und dem kleinen Bruder zum großen Sieg verhalf. Eine triumphale Rückkehr.

20. Juni 2004 in Lissabon
Spanien – Portugal 0:1 (0:0)

SPANIEN: Casillas – Puyol, Helguera, Juanito (80. Morientes), Raul Bravo – Joaquin (72. Luque), Xabi Alonso, Albelda (66. Baraja), Vicente – Raul – Fernando Torres
PORTUGAL: Ricardo – Miguel, Ricardo Carvalho, Jorge Andrade, Nuno Valente – Maniche, Costinha, Deco – Cristiano Ronaldo (85. Couto), Figo (78. Petit) – Pauleta (46. Nuno Gomes)
Tor: 0:1 Nuno Gomes (57.)
Gelbe Karten: Albelda, Juanito, Puyol – Pauleta, Nuno Gomes
Schiedsrichter: Frisk (Schweden)
Zuschauer: 52 000

Generationswechsel: Zinedine Zidane (links) führte Frankreich zum Sieg gegen England, Wayne Rooney sorgte gegen Kroatien und die Schweiz dafür, dass sich auch die Briten für das Viertelfinale qualifizierten.

Schweiz – Kroatien		0:0
Frankreich – England		2:1
England – Schweiz		3:0
Kroatien – Frankreich		2:2
Schweiz – Frankreich		1:3
Kroatien – England		2:4
1. Frankreich	3	7:4	7
2. England	3	8:4	6
3. Kroatien	3	4:6	2
4. Schweiz	3	1:6	1

VORRUNDE
Gruppe B

Frankreich
England
Schweiz
Kroatien

Gezittert haben sie fast bis zum Schluss – am Ende hatten sich die beiden Favoriten durchgesetzt. Scheinbar sicher im Endklassement platziert, mussten Titelverteidiger Frankreich und England jedoch lange im Gruppenfinale gegen die Schweiz und Kroatien bangen. Merke: Selbstläufer gibt es auch für die großen Nationen nicht mehr. Derweil ging ein neuer Stern am Fußballhimmel auf: Der erst 18-jährige Wayne Rooney verzauberte die Massen mit Kaltschnäuzigkeit und Torinstinkt, brachte die Gegner um den Verstand – und litt im Spiel gegen Frankreich mit seinen Kollegen am Last-minute-Trauma.

Frankreich

1 Landreau, Mickael (FC Nantes)
2 Boumsong, Jean-Alain (AJ Auxerre)
3 Lizarazu, Bixente (Bayern München)
4 Vieira, Patrick (FC Arsenal)
5 Gallas, William (FC Chelsea)
6 Makelele, Claude (FC Chelsea)
7 Pires, Robert (FC Arsenal)
8 Desailly, Marcel (FC Chelsea)
9 Saha, Louis (Manchester United)
10 Zidane, Zinedine (Real Madrid)
11 Wiltord, Sylvain (FC Arsenal)
12 Henry, Thierry (FC Arsenal)
13 Silvestre, Mickael (Manchester Utd.)
14 Rothen, Jerome (AS Monaco)
15 Thuram, Lilian (Juventus Turin)
16 Barthez, Fabien (Olympique Marseille)
17 Dacourt, Olivier (AS Rom)
18 Pedretti, Benoit (FC Sochaux)
19 Sagnol, Willy (Bayern München)
20 Trezeguet, David (Juventus Turin)
21 Marlet, Steve (Olympique Marseille)
22 Govou, Sidney (Olympique Lyon)
23 Coupet, Grégory (Olympique Lyon)

Trainer: Jacques Santini

England

1 James, David (Manchester City)
2 Neville, Gary (Manchester United)
3 Cole, Ashley (FC Arsenal)
4 Gerrard, Steven (FC Liverpool)
5 Terry, John (FC Chelsea)
6 Campbell, Sol (FC Arsenal)
7 Beckham, David (Real Madrid)
8 Scholes, Paul (Manchester United)
9 Rooney, Wayne (FC Everton)
10 Owen, Michael (FC Liverpool)
11 Lampard, Frank (FC Chelsea)
12 Bridge, Wayne (FC Chelsea)
13 Robinson, Paul (Leeds United)
14 Neville, Philip (Manchester United)
15 King, Ledley (Tottenham Hotspur)
16 Carragher, Jamie (FC Liverpool)
17 Butt, Nicky (Manchester United)
18 Hargreaves, Owen (Bayern München)
19 Cole, Joe (FC Chelsea)
20 Dyer, Kieron (Newcastle United)
21 Heskey, Emile (FC Liverpool)
22 Walker, Ian (Leicester City)
23 Vassell, Darius (Aston Villa)

Trainer: Sven Göran Eriksson

Schweiz

1 Stiel, Jörg (Borussia Mönchengladbach)
2 Haas, Bernt (West Bromwich Albion)
3 Berner, Bruno (SC Freiburg)
4 Henchoz, Stéphane (FC Liverpool)
5 Yakin, Murat (FC Basel)
6 Vogel, Johann (PSV Eindhoven)
7 Cabanas, Ricardo (Grasshoppers Zürich)
8 Wicky, Raphael (Hamburger SV)
9 Frei, Alexander (Stade Rennes)
10 Yakin, Hakan (VfB Stuttgart)
11 Chapuisat, Stéphane (Young Boys Bern)
12 Zuberbühler, Pascal (FC Basel)
13 Zwyssig, Marco (FC Basel)
14 Magnin, Ludovic (Werder Bremen)
15 Gygax, Daniel (FC Zürich)
16 Celestini, Fabio (Olympique Marseille)
17 Spycher, Christoph (Grasshoppers Zürich)
18 Huggel, Benjamin (FC Basel)
19 Barnetta, Tranquillo (FC St. Gallen)
20 Müller, Patrick (Olympique Lyon)
21 Rama, Milaim (FC Thun)
22 Vonlanthen, Johan (PSV Eindhoven)
23 Roth, Sebastien (Servette Genf)

Trainer: Jakob Kuhn

Kroatien

1 Vasilj, Vladimir (Varteks Varazdin)
2 Tokic, Mario (Grazer AK)
3 Simunic, Josip (Hertha BSC)
4 Tomas, Stjepan (Fenerbahce Istanbul)
5 Tudor, Igor (Juventus Turin)
6 Zivkovic, Boris (VfB Stuttgart)
7 Rapaic, Milan (Ancona Calcio)
8 Srna, Dario (Schachtjor Donezk)
9 Prso, Dado (AS Monaco)
10 Kovac, Niko (Hertha BSC Berlin)
11 Sokota, Tomislav (Benfica Lissabon)
12 Butina, Tomislav (FC Brügge)
13 Simic, Dario (AC Mailand)
14 Neretljak, Mato (Hajduk Split)
15 Leko, Jerko (Dynamo Kiew)
16 Babic, Marko (Bayer Leverkusen)
17 Klasnic, Ivan (Werder Bremen)
18 Olic, Ivica (ZSKA Moskau)
19 Mornar, Ivica (FC Portsmouth)
20 Rosso, Dovani (Maccabi Haifa)
21 Kovac, Robert (Bayern München)
22 Bjelica, Nenad (1. FC Kaiserslautern)
23 Didulica, Joey (Austria Wien)

Trainer: Otto Baric

Abschied: Die Schweiz mit Keeper Jörg Stiel musste ohne einen Sieg frühzeitig die Koffer packen. Die Fans feierten dennoch.

Zusammenhalt: Die Schweizer Funktionäre mit Chefcoach Köbi Kuhn gaben sich als Einheit.

Schweiz – Kroatien 0:0

Magerkost im Duell der Außenseiter

Am Ende hatte sich keiner als Geschlagener fühlen müssen. Keiner war vom anderen übertölpelt oder überrannt worden, keines der beiden Teams war bezwungen worden. Und doch waren beide, die Schweiz und Kroatien, Verlierer. Mit einem torlosen Unentschieden im Duell der Außenseiter hatten beide die Hoffnung verspielt, in der Gruppenphase irgendwie doch am Ende einen der beiden glasklaren Favoriten England und Frankreich hinter sich zu lassen und ins Viertelfinale einzuziehen.

In einer zerfahrenen Partie, arm an Höhepunkten, beeindruckten lediglich Einstellung und Kampfgeist der Auswahl des Schweizer Coachs Köbi Kuhn. Er setzte mit einer Ausnahme auf dieselben Spieler, die elf Tage zuvor den einzigen ernsthaften Test gegen die Deutschen (0:2) bestritten hatten. Wie erwartet übernahm Spycher den Platz von Ludovic Magnin, der wegen der mangelnden Spielpraxis mit Werder Bremen in den letzten Monaten vor der EURO am meisten Sorgen bereitet hatte.

Und jener Spycher, Verteidiger bei den Grasshoppers, stand stellvertretend für den Geist und das Engagement einer Mannschaft, die sich nach behäbigem Anfang steigerte und dank der Uneigennützigkeit jedes Einzelnen zunehmend an Kompaktheit gewann.

Deshalb lächelte Kuhn nach dem Abpfiff: »Ein großartiges Resultat«, sagte er, »wir haben uns gut verkauft.« Genauso positiv wurde der erste Auftritt einer Schweizer Nationalmannschaft bei einem großen Turnier seit 1996 auch in der Heimat gewertet: »Der letzte Eindruck, den dieses Spiel hinterlässt, ist der Kampfgeist, den die Schweizer in der zweiten Halbzeit an den Tag gelegt haben«, schrieb die »Basler Zeitung« am Folgetag, »keine Frage, diese zweite Halb-

13. Juni 2004 in Leiria
Schweiz – Kroatien 0:0

SCHWEIZ: Stiel – Haas, M. Yakin, Müller, Spycher – Huggel, Vogel, Wicky (83. Henchoz) – H. Yakin (87. Gygax) – Frei, Chapuisat (54. Celestini)
KROATIEN: Butina – Simic (61. Srna), R. Kovac, Simunic, Zivkovic – Mornar, N. Kovac, Bjelica (74. Rosso), Olic (46. Rapaic) – Prso, Sokota
Gelbe Karten: Stiel, Huggel – Prso, Bjelica, Rapaic, Zivkovic, Mornar
Gelb-Rote Karte: Vogel (50.)
Schiedsrichter: Batista (Portugal)
Zuschauer: 24 090

VORRUNDE Gruppe B

zeit verdient ein Kompliment.« 1,36 Millionen Fernsehzuschauer (Marktanteil 65,2 Prozent, eine der meist gesehenen Übertragungen des DRS überhaupt) sahen das ähnlich.

Der Eindruck einer verschworenen Einheit verfestigte sich vor allem, nachdem Johann Vogel – nach bis dahin souveräner Darbietung als Ballverteiler – wegen eines dummen Ballwegschlagens dem Team einen Bärendienst geleistet hatte. Wie vor acht Jahren im Eröffnungsspiel gegen England (1:1) war der Mittelfeldakteur der PSV Eindhoven auch in dieser ersten Partie der wohl beste Schweizer Akteur. »Wenn ich den Ball auf die Tribüne gedonnert hätte, wäre es ja okay gewesen«, beschwerte sich der 27-jährige Genfer über das vorzeitige Dienstende in seinem 64. Länderspiel, »ich wollte, dass es schnell weitergeht. Würden alle Regelverstöße so geahndet, gäbe es pro Spiel 15 Rote Karten.« Vogels Platzverweis hatte sich aber irgendwie abgezeichnet. Bereits nach vier Minuten wurde er wegen eines taktischen Fouls an Olic erstmals verwarnt; er hatte dabei einen Fehler eines Mitspielers ausgebügelt.

Kuhn reagierte folgerichtig: Sogleich ersetzte er den in seinem 102. Länderspiel wirkungslos gebliebenen Stürmer und Ex-Dortmunder Chapuisat durch Celestini. Der bei Olympique Marseille zuletzt nicht mehr eingesetzte Celestini, ein ballsicherer Spieler, tat dem Mittelfeld ebenso gut wie der Abwehr, die Schweiz geriet auch in personeller Unterzahl kaum ernsthaft in Gefahr gegen ein kroatisches Team, das erstaunlich wenig machte aus dem numerischen Vorteil. Abgesehen von zwei Kopfballchancen von Nico Kovac (36.) und Josip Simunic (39.) erzeugten die mit fünf Bundesliga-Legionären angetretenen Osteuropäer keine Durchschlagskraft.

Deren Coach Otto Baric war im Gegensatz zu Kuhn »nicht zufrieden, denn wir haben nicht gewonnen. Meine Spieler wollten, aber sie konnten nicht«, analysierte der 70 Jahre alte Trainer-Fuchs diesen zum Teil aggressiven, wenig zimperlich geführten Abnützungskampf, in dem der portugiesische Unparteiische Batista neben einmal Gelb-Rot sieben weitere Gelbe Karten zeigte.

An diesem heißen Sonntagnachmittag in der portugiesischen Provinz, an dem nur die 10 000 Fans aus der Schweiz und 5000 aus Kroatien für gute Stimmung sorgten, bescherte der Schweizer Kapitän Jörg Stiel – mit 36 Jahren ältester EM-Teilnehmer – zumindest noch einen Moment der Heiterkeit. Ein von ihm zunächst unterschätzter weiter Schlag von Josip Siminuc (Hertha BSC) aus etwa 70 Metern hatte ihn überflogen, im Rückwärtslaufen konnte Stiel das Leder mit der Hand bremsen, er rutschte aus und stoppte, bäuchlings auf dem Rasen liegend, den langsam Richtung Tor eiernden Ball vor der Torlinie mit dem Kopf. Glück gehabt – doch letztlich schien auch der eine Punkt zu wenig zu sein. Für Schweizer wie Kroaten.

Frust: Mittelfeldspieler Hakan Yakin (rechts) vom VfB Stuttgart zeigte sich verzweifelt ob der vergebenen Chancen gegen die Kroaten.

41

Frankreich – England 2:1

Zidanes Doppelpack schockt England

Es war nur eine kurze Umarmung. Wenig herzlich, unterkühlt, scheinbar emotionslos. Zinedine Zidane und David Beckham begegneten sich im Mittelkreis fast ohne Worte an diesem warmen Juniabend im Stadion des Lichts in Lissabon. Jene zwei Weltstars, die elf Monate im Jahr gemeinsam für Real Madrid auf Punkte- und Trophäenjagd gehen. Zwei Hoffnungsträger, die ihre Nationalmannschaften als Kapitäne zum EM-Triumph führen können.

Für einen Moment schien die Welt um sie herum stehen zu bleiben, dann gaben sich beide wieder ihren Emotionen hin. Hier Beckham, der mit einem Elfmeter für die Engländer scheiterte und sich fertig mit sich und der Welt zeigte, dort Zidane, der mit zwei Treffern in der Nachspielzeit ein schon verlorenes Spiel wendete und England in ein Meer der Tränen stürzte.

Gerade Beckham, der umstrittene Pop-Star. »Zidane erschien in der Nachspielzeit und ließ Beckham in Unterhosen stehen«, titelte die spanische Zeitung »Marca« am Folgetag. In der englischen Boulevardpresse jedoch fielen die sonst so martialischen Überschriften aus. Es wurde getrauert statt draufgehauen, geweint statt mit Worten geprügelt. Von »gebrochenen Löwenherzen« war die Rede, »grausam, unfair, brutal« sei der Turnierauftakt verlaufen – weil »Zizou« innerhalb von 100 Sekunden einen Fehlstart des Titelverteidigers zu verhindern wusste.

»Es wird Krieg geben«, hatte Frankreichs Defensivstar Patrick Vieira vor der Partie ganz im sonstigen Stile der britischen Yellow Press angekündigt, was folgte, war ein gutklassiges, dramatisches Duell von alten Bekannten. Nicht weniger als 16 der 22 Akteure, die bei Spielbeginn auf dem Platz standen,

VORRUNDE
Gruppe B

Schock: Bis kurz vor Schluss sahen die Engländer mit David Beckham (unten) nach dem Treffer von Lampard (rechts oben) wie die sicheren Sieger aus, dann schlug Zidane in der Nachspielzeit zwei Mal zu. Erst per Freistoß, dann mit Elfer (oben Mitte) nach Foul von Keeper James an Henry (linke Seite).

verdienen ihr Geld in der Premier League, sechs Franzosen, zehn Engländer. Jeder kannte jeden, wusste um jede Finte, jedes Dribbling des Gegenspielers. Und einige feierten Jubiläen: Zidane absolvierte sein 90. Länderspiel, Lilian Thuram gar konnte nun auf stolze 100 verweisen. Zwei der wenigen übrigens, die nicht in Chelsea, bei Arsenal oder ManU unter Vertrag stehen. Dass der später eingewechselte Engländer Darius Vassell seinen 24. Geburtstag feierte, blieb da fast nur Randnotiz. Denn: Es entwickelte sich ein schier unglaubliches Spiel, das, so befand Zidane hernach, »in die Geschichte eingehen wird«. Dabei scheint sich der französische Regisseur ein Abonnement auf spektakuläre Entscheidungen gesichert zu haben. Bei der EM 2000 traf er in der Verlängerung des Halbfinals gegen Portugal per Golden Goal. Von den zwei Treffern im Weltmeisterschaftsfinale 1998 gegen Brasilien ganz zu schweigen.

»Wir haben die Spieler und das Können. Alles was wir brauchen, ist ein bisschen Glück«, hatte David Beckham vor der Partie verlauten lassen. Eben dieses schien »Becks« während der neunzig Minuten plus der bedeutungsvollen Nachspielzeit verlassen zu haben. Insbesondere beim Elfmeterschuss in Minute 73, den Fabien Barthez, Ex-Mannschaftskamerad bei Manchester United, bravourös abwehren konnte. Beide übrigens erinnerten sich, ebenso wie Gary Neville, an den Frühsommer 1999, als ManU im Champions-League-Finale gegen Bayern München siegte – durch zwei Tore in der Nachspielzeit.

Barthez durfte nun zum zweiten Mal das »Wunder« bejubeln, Beckham spürte, »wie grausam der Fußball sein kann.« »Hätte ich getroffen, hätten wir gewonnen«, trauerte der »Spice Boy« der Großchance nach. So bedurfte es erfolgreicherer Auftritte gegen Kroatien und die Schweiz, um die Chance auf den Titel zu wahren und für ein Novum zu sorgen. Denn noch nie hatte sich ein Team mit einem ausländischen Trainer den Titel eines Europameisters oder gar Weltmeisters gesichert. Mit Sven Göran Eriksson sollte bei den Engländern alles besser werden. Und es wurde besser – bis zu der Minute, als Schiedsrichter Dr. Markus Merk aus Kaiserslautern die Nachspielzeit ankündigte.

13. Juni 2004 in Lissabon
Frankreich – England 2:1 (0:1)
FRANKREICH: Barthez – Gallas, Thuram, Silvestre (79. Sagnol), Lizarazu – Pires (76. Wiltord), Vieira, Makelele (90./+4 Dacourt), Zidane – Henry, Trezeguet
ENGLAND: James – G. Neville, King, Campbell, A. Cole – Beckham, Gerrard, Lampard, Scholes (76. Hargreaves) – Owen (69. Vassell), Rooney (76. Heskey)
Tore: 0:1 Lampard (38.), 1:1 Zidane (90./+1), 2:1 Zidane (90./+3, Foulelfmeter)
Gelbe Karten: Pires, Silvestre – Scholes, Lampard, James
Besonderes Vorkommnis: Barthez hält Foulelfmeter von Beckham (73., Silvestre an Rooney)
Schiedsrichter: Merk (Deutschland)
Zuschauer: 65 272 (ausverkauft)

England – Schweiz 3:0

Roonaldos erster Streich

Der Junge sieht aus, als hätte er schon alles hinter sich. Wüste Kneipenschlägereien, Entziehungskuren, knochenharte Jobs als Hafenarbeiter oder Steineklopper. Dass er 18 ist und nicht mehr im Kopf hat, als gut Fußball spielen zu wollen, nein, darauf kommt man bei seinem Anblick nicht.

Wenn Wayne Rooney loslegt, ist kein Kraut dagegen gewachsen. Bullig ist er, antrittsschnell, sprungstark und schussgewaltig. Respekt vor dem Gegenspieler kennt er nicht. Auf der Insel haben sie ihn »Roonaldo« getauft. Der Junge, der alle Rekorde bricht. Mit 16 debütiert er in der Premier League. Mit 16 wird er der jüngste Torschütze in der Geschichte des FC Everton. Mit 16 schießt er gegen Arsenal sein erstes Premier-League-Tor. An seinem 17. Geburtstag unterschreibt er bei Everton einen Vertrag, der ihm über 600 000 Euro pro Jahr bringt. Mit 17 wird er Englands jüngster Nationalspieler, dann Englands jüngster Torschütze. Und schließlich, an diesem fürchterlich heißen Donnerstagnachmittag in Coimbra, mit 18 Jahren und 237 Tagen auf dem Buckel, wird Rooney der jüngste Torschütze in der Historie der EM-Endrunden. Von einem »großen Tag für uns« spricht der Stürmer hinterher. Der ist es vor allem für ihn.

Für England geht es gegen die Schweiz schon um Alles oder Nichts. Eine zweite Niederlage nach dem Last-Minute-Trauma durch Zidane, und der Traum vom ersten Titel seit der WM 1966 wäre ausgeträumt. Nervös beginnen die Briten, einfallslos, die Schweizer sind gleichstark, phasenweise sogar besser. Doch dann kommt »Roonaldos« erster Streich. Per Kopf, nach Flanke von Michael Owen. Der wirkt blass im Schatten des neuen Jungstars, dem die Massen zujubeln wie ihm einst vor sechs Jahren, bei der WM 1998, als Owens Stern am Fußballhimmel aufging. Rooney lässt derweil gleich den zweiten Streich folgen. Glück hat Englands Nummer neun hier, sein Schuss landet am Pfosten, erst von Jörg Stiels Hinterkopf fliegt der Ball ins Tor. Rooney wird

Überflieger: Mit seinem Doppelpack schoss sich Wayne Rooney (unten) in die Herzen der englischen Fans, Steven Gerrard (rechte Seite oben) besorgte die Entscheidung.

VORRUNDE
Gruppe B

der Treffer gutgeschrieben, dem Jungen fliegt an diesem Tag alles zu. »Zwei schöne Tore, beide einfach fantastisch«, schwärmt Teamchef Sven-Göran Eriksson in den Katakomben des Stadion Cidade, »der Junge hat hart dafür gearbeitet.«

Maloche und Rooney – das gehört zusammen wie die Queen zum Buckingham Palace. Er ist der Held der Arbeiterklasse. Aufgewachsen mit seinen Brüdern Graham und John im Liverpooler Stadtteil Croxteth, knapp fünf Kilometer entfernt vom Goodison Park, der Heimat des FC Everton, lernt er die einfachen Verhältnisse kennen und schätzen. Seine Familie besitzt ein Reihenhaus, hat sein Vater, früher Amateurboxer, mal wieder keinen Job, muss die Mutter die Familie ernähren, indem sie in einer Schule als Köchin arbeitet. »Wenn ich aus der Reihe tanze, ist sie da und gibt mir eins hinter die Löffel«, hat Wayne mal über seine Mom gesagt. So mögen ihn die Briten.

Eins hinter die Löffel gibt es für die Schweizer Fußballer von ihrem Trainer trotz des 0:3 nicht. Höchstens für den Unparteiischen, weil der Bernt Haas vom Platz stellt und vor Rooneys zweitem Streich ein vermeintliches Foul nicht sieht. »Ich muss mich über den Schiedsrichter wundern«, meckert »Köbi« Kuhn, nützen tut ihm diese Erkenntnis freilich wenig. Auch in ihrem zweiten Spiel bleiben die Eidgenossen ohne Tor, obwohl sie spielerisch mitunter sogar mehr zu bieten haben als die Engländer. Doch der Sturm bleibt wieder blass, auch Alex Frei (24), dem Kuhn vor dem Turnierstart noch zugetraut hatte, »einer der Überraschungsstars der EM werden zu können«. Mit der Empfehlung von 19 Saisontoren für Stade Rennes und 15 Treffern in 27 Länderspielen war der Stürmer nach Portugal gereist. Hier kann er sich nicht in Szene setzen – wie Altmeister Stephane Chapuisat (34), von dem gegen die Engländer überhaupt nichts zu sehen ist. »Die Chance, weiterzukommen, ist sehr gering – da wollen wir uns nichts vormachen«, sagt Kuhn ernüchtert.

England dagegen träumt nach dem 3:0 wieder von Großem. »Wir können den Weg zu Ende gehen«, prophezeit David Beckham. Dem Looser vom Frankreich-Spiel gelingt auch gegen die Schweiz nicht alles, immerhin ist er aber Ausgangspunkt der ersten beiden Tore. Das freilich geht etwas unter, denn dieser Abend gehört einem anderen: Wayne Rooney, dem Jungen aus dem Arbeiterviertel, den sie Roonaldo nennen.

---

17. Juni 2004 in Coimbra
England – Schweiz
3:0 (1:0)

ENGLAND: James – G. Neville, Terry, Campbell, A. Cole – Gerrard, Lampard – Beckham, Scholes (70. Hargreaves) – Owen (72. Vassell), Rooney (83. Dyer)

SCHWEIZ: Stiel – Haas, M. Yakin, Müller, Spycher – Celestini (53. Cabanas) – Huggel, Wicky – H. Yakin (83. Vonlanthen) – Frei, Chapuisat (46. Gygax)

Tore: 1:0 Rooney (23.), 2:0 Rooney (75.), 3:0 Gerrard (82.)

Gelbe Karten: Rooney – Celestini

Gelb-Rote Karte: Haas (60.)

Schiedsrichter: Ivanov (Russland)

Zuschauer: 28 214

Kroatien – Frankreich 2:2

Frankreichs blaues Auge gegen die »Blinden«

Selbstvertrauen an sich ist wunderbar. Rundum? Nicht ganz, denn da gibt es diesen schmalen Grat, auf dem derjenige mit der breiten Brust wandelt. Ein falscher Schritt – und schon mutiert das Vertrauen in die eigene Stärke in Selbstgefälligkeit. Frankreich hat ihn gegen Kroatien gemacht, diesen Fehltritt.

Gut, es lief zunächst auch alles nach Plan für die »Grande Nation«, die sich nach dem Last-Minute-Erfolg gegen England laut Linksverteidiger Bixente Lizarazu »mental unheimlich stark fühlte«. Tudor lenkte einen Zidane-Schuss ins eigene Tor. Sie erlaubte es der »Équipe Tricolore« fortan, nur noch das Nötigste zu investieren – und doch Spiel wie Gegner sicher zu kontrollieren. Kroatien knüpfte derweil nahtlos an seine schwache Vorstellung gegen die Schweiz (0:0) an und wirkte wie das berühmte Kaninchen vor der Schlange. Erstarrt, gelähmt. Einen einzigen Schuss gaben die Kroaten in Hälfte eins auf Frankreichs Schlussmann Fabien Barthez ab. Es schien so, als hätten sie all' ihre Energie im Vorfeld der Partie in die Streitereien gesteckt, die sie so leidenschaftlich gepflegt hatten.

Ex-Nationaltrainer Miroslav Blazevic, der Kroatien bei der WM 1998 auf den dritten Platz

**VORRUNDE
Gruppe B**

führte, hatte nach dem Remis gegen die Eidgenossen zum großen Rundumschlag ausgeholt. Spieler niedergemacht, seinen Nachfolger Otto Baric sowieso, den er als »Blinden« bezeichnete. Der Konter folgte zugleich. Vor allem von Stürmer Timo Sokota, der den Ex-Nationalcoach besonders »nett« grüßte. »Wenn ich ihm auf der Straße begegne, haue ich ihm eine rein«, kündigte Sokota an. Aber auch innerhalb des Kaders schwangen Disharmonien das Zepter. Die Neulinge murrten gegen die Alteingesessenen und umgekehrt. So war Werder Stürmer Ivan Klasnic, mit den Bremern immerhin Double-Gewinner 2004, ganz und gar nicht »amused« über seine erneute Reservisten-Rolle und saß mit entsprechender Miene 90 Minuten auf der Bank.

Dort wurde er Zeuge, wie nach der Pause eine Partie mit einem Schlag kippte, die vorher eine so einseitige Angelegenheit gewesen war. Der Schlag war das unnötige Foul an Rosso von Silvestre, der auf der linken Defensivseite diesmal den Vorzug vor Lizarazu erhalten hatte. Rapaic verwandelte knallhart und riss damit seine Kollegen aus der Lethargie. Die Baric-Elf stürmte nun munter darauf los, wo sie sich vorher zaghaft die Bälle hin- und hergeschoben hatte. Vor allem Stürmer Dado Prso, der AS Monaco ins Champions League Finale geschossen hatte, nahm nun gewaltig Fahrt auf.

Die französische Abwehr, die vor der Europameisterschaft 1078 Minuten ohne Gegentor geblieben war, geriet von einer Verlegenheit in die andere und kassierte nach einem bösen Desailly-Patzer folgerichtig das zweite Gegentor.

Frankreichs Antwort: Eine energischere Spielweise, der aber, weil die Santini-Truppe den Schalter nicht mehr umzulegen vermochte, der Esprit fehlte. Hätte Innenverteidiger Tudor nicht erneut gepatzt, die Franzosen wären wohl als Verlierer vom Platz gegangen. Damit nicht genug des Glücks: In der Nachspielzeit vergab der Ex-Frankfurter Ivica Mornar die Riesenchance, Kroatien erneut in Front und somit wohl zum Dreier zu schießen. Kein Wunder, dass Zinedine Zidane, mit Patrick Vieira Frankreichs Bester, anschließend erleichtert durchatmete: »Wir sind mit einem blauen Auge davongekommen. Es hat sich bestätigt, dass wir keinen Gegner unterschätzen dürfen.« Die Franzosen freuten sich – die Kroaten ebenso. Ihre zweite starke Hälfte ließ sie allen Zwist und Zank vergessen, die sich nun bietende Chance aufs Weiterkommen kittete die Risse. Alle? Nicht ganz – Klasnic zum Beispiel stapfte missmutig aus den Katakomben.

Glück gehabt: Ein durchschnittliches Frankreich ging in Führung, musste aber bis zum Treffer von Trezeguet (unten links) um den Punktgewinn zittern. Rapaic sorgte für den zwischenzeitlichen Ausgleich (unten).

17. Juni 2004 in Leiria
Kroatien – Frankreich 2:2 (0:1)

KROATIEN: Butina – Simic, R. Kovac, Tudor, Simunic – Bjelica (68. Leko, N. Kovac, Rosso, Rapaic (87. Mornar) – Prso, Sokota (73. Olic)
FRANKREICH: Barthez – Gallas (81. Sagnol), Thuram, Desailly, Silvestre – Wiltord (70. Pires), Vieira, Zidane, Dacourt (79. Pedretti) – Henry, Trezeguet
Tore: 0:1 Tudor (22., Eigentor), 1:1 Rapaic (48., Foulelfmeter), 2:1 Prso (52.), 2:2 Trezeguet (64.)
Gelbe Karten: Tudor, Rosso, R. Kovac, Leko – Vieira, Dacourt
Schiedsrichter: Milton Nielsen (Dänemark)
Zuschauer: 29 160

Rekordhalter: Der Schweizer Johann Vonlanthen (links oben, Nummer 22) löste mit seinem Treffer zum 1:1 Wayne Rooney als jüngsten EM-Torschützen ab.

Schweiz – Frankreich 1:3

Warum Henry ins Schwitzen kam

Eines fällt auf bei dieser EURO: Modische Bändchen scheinen irgendwie wieder in zu sein. Doch während Bixente Lizarazu, Robert Pires und so manch anderer Berufskollege dieses Accessoire nutzen, um die zottelige Mähne zu bändigen, hat Thierry Henry mit solchem Schnickschnack wenig am Hut. Wozu auch? Glatt wie ein Kinderpopo glänzt sein Haupt in der portugiesischen Spätabendsonne von Coimbra.

Ganz ohne Zierde kommt der Vize-Weltfußballer des Jahres allerdings auch nicht aus, schmückt doch ein überdimensionales weißes Schweißband sein rechtes Handgelenk, ein Relikt aus den Achtzigern, das irgendwie an Ivan Lendl erinnert, den großen tschechoslowakischen Tennisstar. Vielleicht führt sich Thierry Henry dadurch immer wieder seinen kritischen Papa vor Augen, der ihn, als er noch ein kleiner Steppke war, tadelte, obwohl er in einem Spiel fünf Tore geschossen hatte. Der Grund: Thierry hatte den Platz verlassen und war noch nicht einmal verschwitzt.

Gegen die Schweiz musste sich der Vater in dieser Hinsicht keine Sorgen machen. Mit 3:1 triumphierte die »Équipe tricolore« und qualifizierte sich als Gruppenerster für das Viertelfinale gegen Griechenland, was in erster Linie dem Sohnemann zu verdanken war, der gleich doppelt traf. Henrys Turniertore eins und zwei. Und selbst wenn ihn dies, was anzunehmen ist, wenig Mühe gekostet hatte, so perlte bis zur 75. Minute zumindest Angstschweiß auf der Haut des 26-jährigen Stürmers vom FC Arsenal. Bis zu jenem Zeitpunkt stand es 1:1, der Träger des »Goldenen Schuh 2003/2004« (30 Treffer) hatte 550 torlose Minuten aufgetürmt und ein winziges Gegentörchen hätte den Titelverteidiger ins Jenseits befördert. Dann aber drosch Zinedine Zidane einen Freistoß hoch und weit Richtung Jörg Stiel, der wenige Sekunden zuvor eingewechselte Louis Saha verlängerte den Ball mit dem Kopf, Henry nahm ihn mit rechts an und

VORRUNDE Gruppe B

**21. Juni 2004 in Coimbra
Schweiz – Frankreich
1:3 (1:1)**

SCHWEIZ: Stiel – Henchoz (85. Magnin), M. Yakin, Müller, Spycher – Vogel – Cabanas, H. Yakin (60. Huggel), Wicky – Gygax (85. Rama) – Vonlanthen.
FRANKREICH: Barthez – Sagnol (46. Gallas/90./+2 Boumsong), Thuram, Silvestre, Lizarazu – Vieira, Makelele – Zidane, Pires – Trezeguet (75. Saha), Henry
Tore: 0:1 Zidane (20.), 1:1 Vonlanthen (26.), 1:2 Henry (76.), 1:3 Henry (84.)
Gelbe Karten: H. Yakin, Wicky, Huggel – Henry
Schiedsrichter: Michel (Slowakei)
Zuschauer: 28 111

zirkelte ihn ins linke untere Eck. Die Erlösung. Fortan schien es, als sei Thierry Henry endlich im Turnier angekommen. Zeit wurde es aber auch, nach den zwei eher kärglichen Auftritten gegen England und Kroatien und einer zwar emsig bemühten, aber verkrampften und glücklosen Vorstellung bis zur Pause. Mehrmals blieb er in der vielbeinigen Schweizer Abwehr hängen, flankte ungenau und versemmelte eine dicke Kopfballchance. Nur 60 Prozent gelungene Zuspiele zählten die Statistiker der UEFA, der schlechteste Wert aller Franzosen, und von neun Flankenversuchen erreichten lediglich drei ihr Ziel.

In der 84. Minute aber sah man dann aber den wahren Thierry Henry, den, so Christian Wörns, »besten Stürmer der Welt«. Er schnappte sich an der Außenlinie den Ball und zog in seiner unnachahmlichen Art und in einem irren Tempo Richtung Schweizer Gehäuse, umkurvte seine bemitleidenswerten Gegenspieler und vollstreckte eiskalt. Als »Hochgeschwindigkeitssturm« wird das Duo Henry/Trezeguet, gerne bezeichnet, verdient hatte es diesen Titel bisher nicht. Vielmehr zuckelte und ruckelte die »Grande Nation« wie eine alte, ächzende Dampflok durch die Vorrunde.

Während Willy Sagnol die eher dürftigen Darbietungen damit begründete, dass »die Gegner einen Bus vor der Tür parken«, offenbarte der Europameister von 2000 gegen die Schweiz eine Palette von Unzulänglichkeiten: Obwohl mit dem verbesserten Lizarazu und Sagnol wieder zwei »echte« Flügelspieler die Flanken besetzten, konnte der tief zurückgezogene Gegner nicht ausgehebelt werden.

Überhaupt fehlte es dem französischen Spiel an Phantasie, Harmonie, Laufbereitschaft, Präzision und Aggressivität, zudem klafften die Mannschaftsteile weit auseinander, die ständig umformierte Abwehr wackelte bedenklich. Patrick Vieira hielt sich im Mittelfeld aus Angst vor einer Gelbsperre merklich zurück, Mickael Silvestre patzte bereits zum dritten Mal und David Trezeguet lief seiner Form weiter hinterher. Zwar blieb das angeblich brillanteste Ensemble Europas seit Februar 2003 (0:2 gegen Tschechien) auch im 21. Spiel in Folge unbesiegt (18 Siege, 3 Remis), doch die Schweiz demonstrierte, dass die europäische Konkurrenz jeglichen Respekt abgelegt hat. Folgerichtig resümierte Frankreichs Nationaltrainer Jacques Santini, der nach der Intervention des Spielerrates die Taktik für die Schweiz-Partie geändert hatte: »Die Qualität unseres Spiels können wir sicher noch verbessern.«

Und die Schweiz? Trotz des Ausscheidens wird die Elf von Jakob Kuhn in die Annalen der EURO eingehen. Mit Johann Vonlanthen, 18 Jahre und 141 Tage alt, stellen die Eidgenossen den jüngsten EM-Torschützen aller Zeiten. Er löste Wayne Rooney umgehend ab. Und mit Alexander Frei wurde nach dem Italiener Francesco Totti bereits der zweite Spieler wegen einer Spuckattacke suspendiert. Auch eine neue Mode.

Umkämpft: Robert Pires (unten) setzte wenig Akzente, Thierry Henry (großes Bild) sorgte für Frankreichs Dreier. Da verzog Benjamin Huggel nach dem Duell mit Claude Makelele (oben) das Gesicht.

Schweizer Bilanz

Mannschaft mit großem Potenzial

Von Marco Streller

Marco Streller (23) vom VfB Stuttgart, in Portugal wegen eines Schien- und Wadenbeinbruchs nicht dabei, bewertet das Abschneiden der Schweizer und wagt einen Blick in die Zukunft.

»So schnell geht's. Die Freude, die Begeisterung und das Glücksgefühl, sich für so ein großes Turnier qualifiziert zu haben, ist noch gar nicht richtig aus den Köpfen draußen, da ist die EURO für dich bereits vorbei. So ging's mir, als mich im Trainingslager vor unserer Abreise nach Portugal das Verletzungspech in Form eines Schien- und Wadenbeinbruchs aus allen Wolken riss. So erging es wohl auch meinen Mitspielern, die ohne Erfolgserlebnis die Heimreise antreten mussten.

Bei allen drei Partien habe ich mit unserer Nationalmannschaft mitgefiebert, habe mitgelitten, habe die Daumen gedrückt, war total angespannt. Mit dem operierten Bein, hochgelegt auf einem Kissen vor dem Fernseher. Meine Eltern waren im Urlaub, hatten extra für die Zeit der EURO in Albufeira gebucht, um dann bei unseren Spielen auf der Tribüne zu sitzen und mir die Daumen zu drücken. Da ich letztlich nicht im Schweizer Kader stand, haben sie die Zeit wirklich für Urlaub genutzt. Und ich? Ich saß zusammen mit Freunden, bei Chips und ab und zu einem kleinen Bierchen daheim vor der Glotze. So wie es sich für einen Fußball-Fan einfach gehört. In solchen Momenten ist das Gefühl der Machtlosigkeit extrem groß. Hilflos sitzt du da und musst zusehen, wie deine Freunde und Kollegen kämpfen – und am Ende verlieren.

Dabei muss ich schon sagen, dass wir in allen drei Partien nicht enttäuscht haben. Für mich war das erste Spiel gegen Kroatien der Knackpunkt. Wir haben wirklich gut gespielt, aber durch den Platzverweis gegen Johann Vogel mussten wir 40 Minuten lang in Unterzahl auskommen. Das hat extrem viel Substanz gekostet. Das hat man im zweiten Spiel gegen England gemerkt. Auch da mussten wir nach 60 Minuten zu Zehnt weitermachen, nachdem Bernt Haas mit Gelb-Rot raus musste. bei einem 0:1-Rückstand ging dann nicht mehr viel, wir waren zu platt, um das Spiel noch drehen zu können. Unter solchen Umständen hätten wahrscheinlich die meisten anderen Mannschaften auch große Probleme bekommen.

Ich muss sowieso anmerken, dass die Entscheidungen gegen die Schweiz teilweise viel zu hart waren. Ich glaube, dass wir für die Unparteiischen ein Underdog waren und dementsprechend weniger geschont wurden als andere Teams. Da hätte ich mir eigentlich etwas mehr Fingerspitzengefühl und ein bisschen mehr Respekt uns gegenüber erwartet. Die Fouls, die zu den Platzverweisen von Vogel und Haas führten, waren nicht so schlimm. Von Unerfahrenheit kann man in diesem Zusammenhang nicht sprechen. Vogel hat über 60 Länderspiele auf dem Buckel, Haas spielt in England bei West Bromwich Albion und ist eben eine härtere Gangart gewöhnt.

Wenn wir die ersten beiden Spiele nicht in Unterzahl beendet hätten, wäre vielleicht mehr drin gewesen. Das hat man gegen Frankreich gesehen. Wir haben dem Europameister von 2000 sehr, sehr lange Paroli geboten. Erst im Endspurt ging uns schließlich wieder die Luft aus.

Ein weiteres Problem war, dass wir im Sturm nicht über genügend Alternativen verfügt haben. Im modernen Fußball wird meist auf einen großen kopfballstarken und einen etwas kleineren quirligen

VORRUNDE Gruppe B

Rot: Der Platzverweis von Bernt Haas gegen England (unten) war bereits der zweite für einen Schweizer, Stürmer Alexander Frei (Nummer neun, gegen Sol Campbell) wurde nachträglich wegen »Spuckens« gesperrt.

Stürmer gesetzt. Mit Leonard Thurre von Servette Genf und mir sind bei uns gleich zwei kopfballstarke Angreifer für die EURO ausgefallen. Da fehlten unserem Trainer Köbi Kuhn einfach die Möglichkeiten, etwas anders zu probieren. Ich hoffe, dass Kuhn noch ein paar Jahre weitermacht. Er ist ein toller Trainer, liefert sehr gute Arbeit ab und ist zudem ein sehr angenehmer Mensch. Eine Art Vaterfigur für die Mannschaft. Ich bin sicher, er wird uns durch eine erfolgreiche Qualifikation zur Weltmeisterschaft 2006 in Deutschland führen.

In unserer Gruppe haben wir es dann wieder mit Frankreich zu tun. Ihnen Platz eins streitig zu machen, dürfte sehr schwer werden. Aber unsere Chancen für den zweiten Platz schätze ich durchaus positiv ein. Schade, dass wir mit Jörg Stiel unseren Kapitän und einen großartigen Menschen verlieren. Leider ist dann auch Stephane Chapuisat nicht mehr dabei, den ich zu den besten Stürmern Europas zähle. Aber wir werden ihr Fehlen schon irgendwie kompensieren. Unsere Mannschaft lebt sowieso nicht von den Stärken einzelner Superstars. Wir sind als Gruppe stark, wir halten zusammen, verstehen uns gut und kommen über die mannschaftliche Geschlossenheit zum Erfolg.

Das dokumentiert die Tatsache, dass ich täglich Kontakt zu meinen Mitspielern in Portugal hatte. Ich habe zum Beispiel viel mit Benjamin Huggel telefoniert. Mit ihm habe ich beim FC Basel zusammengespielt, er ist einer meiner besten Freunde. Aber auch zu den anderen hatte ich oft Kontakt, zu Jörg Stiel oder Alexander Frei. Auch zu Marco Zwyssig, mit dem ich damals bei meinem Beinbruch zusammengekracht bin. Ihn und Huggel habe ich nach ihrer Rückkehr aus Portugal sogar vom Bahnhof in Zürich abgeholt.

Wir sind eine funktionierende Mannschaft mit großem Potenzial. Die Erfahrungen bei der EURO in Portugal, positiv wie negativ, bringen uns in jedem Fall ein Stück weiter. Die WM 2006 in Deutschland ist logischerweise ein Ziel für uns. Aber die Blicke richten sich heute schon auf die EURO 2008, die die Schweiz zusammen mit Österreich ausrichten wird. Vor den eigenen Fans wollen wir unbedingt vermeiden, wieder so früh auszuscheiden.

Unsere Perspektiven sehe ich sehr positiv. Wir haben einige junge und sehr talentierte Fußballer. Allen voran Johan Vonlanthen, der beim 1:3 gegen Frankreich eingewechselt wurde und prompt das 1:1 erzielt hat. Der Junge ist erst 18 Jahre und für mich ein absolutes Supertalent. Er ist schnell, wendig, technisch gut, torgefährlich und hat bei der PSV Eindhoven schon internationale Erfahrung gesammelt. Er gehört zu den großen Hoffnungsträgern unserer Nationalmannschaft für die nächsten Turniere. Dann will auch ich wieder dabei sein und nicht wieder vor dem Fernseher mitzittern müssen.«

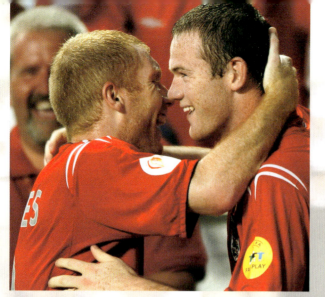

Endspiel: Paul Scholes schoss den wichtigen Ausgleich noch vor der Pause und hielt England alle Chancen offen.

Kroatien – England 2:4

Paul Scholes gewöhnt sich ans Bleiben

Sein Teamkollege aus Manchester, Gary Neville, wunderte sich einst darüber, wie das Leben mit Paul Scholes so abläuft, vor allem nach den Spielen und nach den zahllosen gemeinsamen Trainingseinheiten: »Paul will immer gleich nach Hause«, erzählt er. »Wir wissen nicht viel über ihn, weil er nicht viel redet. Er hat etwas Mystisches.«

Gut, privat gilt Scholes als schüchtern, dienstlich dagegen fällt er eher als regelrechter Unruheherd auf. Dennoch ist es eine Aussage, die viel Persönliches ausdrückt über einen großen Fußballer, der nur 170 Zentimeter misst und die ungewöhnlichen Eigenschaften eines Mannes beschreibt, der gegen Kroatien sein 65. Länderspiel für die »Three Lions« absolvierte. Auch die Kroaten wissen spätestens seit diesem bitteren Vorrunden-Abschluss, zu was dieser Scholes zumindest auf dem Platz in der Lage ist: mal Dampfmacher, mal Vorarbeiter, mal Torschütze.

Dabei hatte es gerade in diesem letzten Punkt in der Nationalmannschaft gehakt. Als Scholes in der 40. Minute zum 1:1 ausglich, als der flinke Mittelfeld-Macher mit seinen roten Haaren eine Kopfballvorlage von Wayne Rooney über die Linie bugsierte, war es sein erster Treffer für das englische Team seit über drei Jahren. »Wir alle sind begeistert über Paul«, sagte nach dem Abpfiff David Beckham, der diesmal selber 90 Minuten lang blass geblieben war. »Normalerweise bereitet er die Tore vor, jetzt hat er es selbst gemacht. Was will man mehr?«

Ja, England, was willst Du mehr? Da gab es zudem noch diesen Wayne Rooney. Der 18-jährige traf zwei Mal atemberaubend schön. Aber auch dieser so freche Rooney dachte zunächst an Scholes, als er nach dem Abpfiff zu den

VORRUNDE Gruppe B

Umständen des Erfolges befragt wurde. »Das Spiel«, so Rooney, »war für Scholes besonders wichtig.« Viele sprachen in diesen Tagen nur von Rooney, von diesem Milchgesicht, das einen Gegner so böse zurichten kann. Doch die Intelligenz des englischen Spiels wurde im Mittfeld zuletzt entfacht von Steven Gerrard – und natürlich von Paul Scholes, der gegen Kroatien auch mit herrlichen Distanzschüssen imponierte.

Zunächst waren jedoch die Kroaten in Führung gegangen. Bereits nach fünf Minuten hatte Niko Kovac aus kurzer Distanz getroffen – nach einem Schnitzer von Ashley Cole, der Torwart David James ungewollt mit einer scharfen Rückgabe getestet hatte. Danach verbarrikadierte die kroatische Elf die eigene Hälfte im Lissaboner »Stadion des Lichts« mit zwei Vierer-Ketten und trieb damit auch die 40 000 angereisten englischen Fans in die Verzweiflung. Es drohte erneut ein frühes EM-Aus, wie 2000, als die Briten nach der Vorrunde die Koffer packen mussten. Doch es sollte das bis dahin torreichste Spiel dieser EURO werden. Den Engländern gehörte bald schon das Mittelfeld, die Tormöglichkeiten blieben nicht aus. Der Herthaner Josip Simunic, der gegen Beckham noch der beste Kroate war, meinte am Ende: »Wir waren nach dem 1:0 zu defensiv, das war falsch.« Auch Trainer Otto Baric gab hinterher unumwunden zu: »Die Engländer haben verdient gewonnen.« Enttäuscht schmiss er seinen Job hin: »Es war mein letztes Spiel als Trainer der Kroaten, ich höre auf.«

Dabei lag es weniger an seinen Spielern, die bis zum Schluss kämpften und durch Tudor sogar noch ein Tor machten, als an den erstarkten Engländern, die den schmerzhaften Gruppen-Auftakt gegen die Franzosen, bei dem sie in den Schluss-Sekunden K.o. gingen, offensichtlich verarbeitet hatten. Team-Manager Sven Göran Eriksson lobte denn auch seine Mannen: »Wenn wir so spielen wie in der ersten Halbzeit, dann werden wir nur noch schwer zu schlagen sein.« Und auch Scholes, so hörte man, wollte diesmal nicht gleich nach Hause.

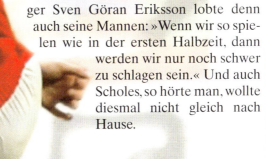

Roonaldo: Mit einem Doppelpack schoss Wayne Rooney (großes Bild) England ins Viertelfinale, der frühe Treffer von Niko Kovac (unten, Nummer zehn) reichte den Kroaten nicht.

---

21. Juni 2004 in Lissabon
Kroatien – England
2:4 (1:2)

KROATIEN: Butina – Simic (67. Srna), R. Kovac (46. Mornar), Tudor, Simunic – Rosso, Zivkovic, N. Kovac, Rapaic (55. Olic) – Sokota, Prso
ENGLAND: James – G. Neville, Terry, Campbell, Cole – Beckham, Gerrard, Lampard (84. P. Neville), Scholes (70. King) – Owen, Rooney (72. Vassell)
Tore: 1:0 N. Kovac (5.), 1:1 Scholes (40.), 1:2 Rooney (45./+1), 1:3 Rooney (68.), 2:3 Tudor (74.), 2:4 Lampard (79.)
Gelbe Karte: Simic
Schiedsrichter: Collina (Italien)
Zuschauer: 62 000

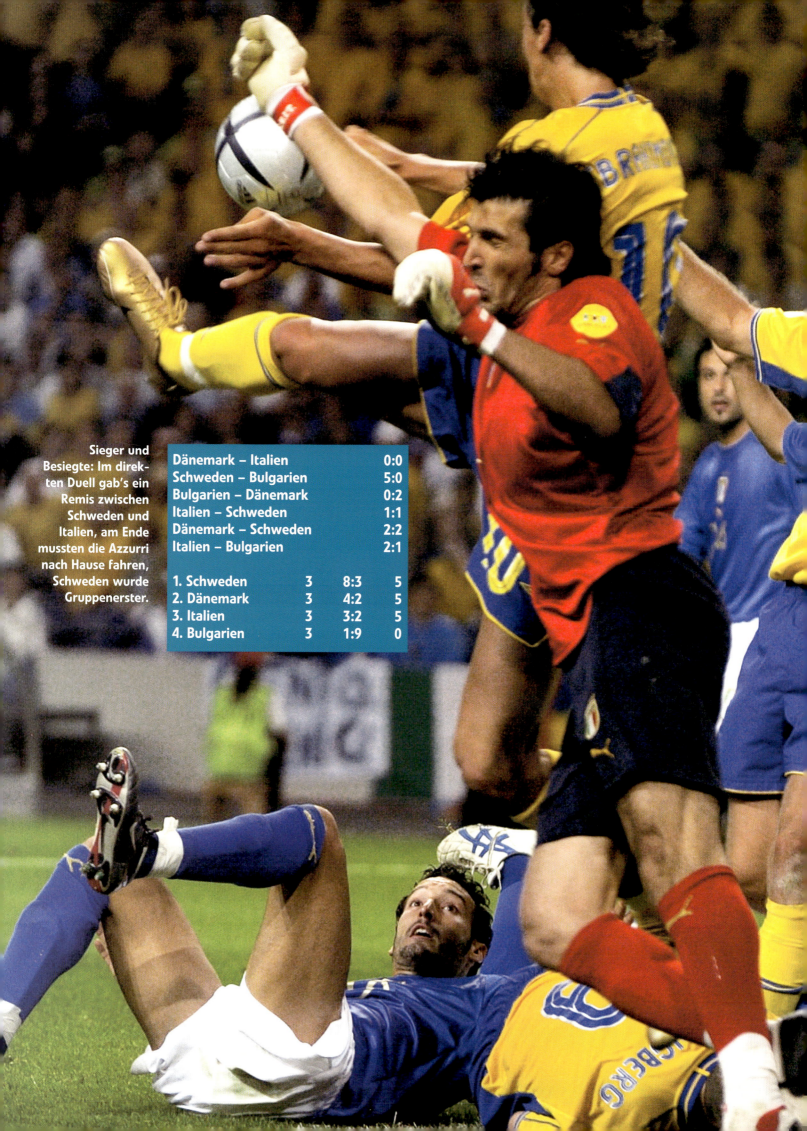

Sieger und Besiegte: Im direkten Duell gab's ein Remis zwischen Schweden und Italien, am Ende mussten die Azzurri nach Hause fahren, Schweden wurde Gruppenerster.

Dänemark – Italien			0:0
Schweden – Bulgarien			5:0
Bulgarien – Dänemark			0:2
Italien – Schweden			1:1
Dänemark – Schweden			2:2
Italien – Bulgarien			2:1
1. Schweden	3	8:3	5
2. Dänemark	3	4:2	5
3. Italien	3	3:2	5
4. Bulgarien	3	1:9	0

VORRUNDE
Gruppe C

Schweden
Bulgarien
Dänemark
Italien

Arrivederci Italia – nach Spanien musste sich ein weiterer der großen Turnierfavoriten frühzeitig verabschieden. Das Team von Giovanni Trapattoni trat nach der Vorrunde die Heimreise an, ohne ein einziges Mal verloren zu haben. Dafür im Freudentaumel: Skandinavien, das mit Schweden und Dänemark gleich zwei Teams ins Viertelfinale brachte. Im Endklassement platzierten sich alle drei Teams mit fünf Zählern, die Tordifferenz im direkten Vergleich gab den Ausschlag. Chancenlos und ohne jeden Punkt blieb Bulgarien, das drei Bundesliga-Profis einsetzte.

Schweden

1. Isaksson, Andreas (Djurgardens IF)
2. Lucic, Teddy (Bayer Leverkusen)
3. Mellberg, Olof (Aston Villa)
4. Mjällby, Johan (Celtic Glasgow)
5. Edman, Erik (SC Heerenveen)
6. Linderoth, Tobias (FC Everton)
7. Nilsson, Mikael (Halmstads BK)
8. Svensson, Anders (FC Southampton)
9. Ljungberg, Fredrik (FC Arsenal)
10. Ibrahimovic, Zlatan (Ajax Amsterdam)
11. Larsson, Henrik (Celtic Glasgow)
12. Hedman, Magnus (Ancona Calcio)
13. Hansson, Petter (SC Heerenveen)
14. Östlund, Alexander (Hammarby IF)
15. Jakobsson, Andreas (Bröndby IF)
16. Källström, Kim (Stade Rennes)
17. Andersson, Anders (CF Belenenses)
18. Jonson, Mattias (Bröndby IF)
19. Farnerud, Pontus (Racing Straßburg)
20. Allbäck, Marcus (Aston Villa)
21. Wilhelmsson, Christian (RSC Anderlecht)
22. Wahlstedt, Erik (Helsingborgs IF)
23. Kihlstedt, Magnus (FC Kopenhagen)

Trainer: Lars Lagerbäck / Tommy Söderberg

Bulgarien

1. Zdravkov, Zdravko (Litex Lovetsch)
2. Ivanov, Vladimir (Lokomotive Plovdiv)
3. Kirilov, Rossen (Litex Lovetsch)
4. Petkov, Ivailo (Fenerbahce Istanbul)
5. Zagorcic, Zlatomir (Litex Lovetsch)
6. Kotev, Kiril (Lokomotive Plovdiv)
7. Borimirov, Daniel (Levski Sofia)
8. Petkov, Milen (AEK Athen)
9. Berbatov, Dimitar (Bayer Leverkusen)
10. Dimitrov, Velizar (ZSKA Sofia)
11. Lazarov, Zdravko (Gaziantepspor)
12. Kolev, Stojan (ZSKA Sofia)
13. Peev, Georgy (Dynamo Kiew)
14. Chilikov, Georgi (Levski Sofia)
15. Hristov, Marian (1. FC Kaiserslautern)
16. Manchev, Vladimir (OSC Lille)
17. Petrov, Martin (VfL Wolfsburg)
18. Pazin, Predrag (Schachtjor Donezk)
19. Petrov, Stilian (Celtic Glasgow)
20. Bojinov, Valeri (US Lecce)
21. Jankovic, Zoran (Litex Lovetsch)
22. Stojanov, Ilian (Levski Sofia)
23. Ivankov, Dimitar (Levski Sofia)

Trainer: Plamen Markov

Dänemark

1. Sörensen, Thomas (Aston Villa)
2. Bögelund, Kasper (PSV Eindhoven)
3. Henriksen, Rene (Panathinaikos Athen)
4. Laursen, Martin (AC Mailand)
5. Jensen, Niclas (Borussia Dortmund)
6. Helveg, Thomas (Inter Mailand)
7. Gravesen, Thomas (FC Everton)
8. Grönkjaer, Jesper (FC Chelsea)
9. Tomasson, Jon Dahl (AC Mailand)
10. Jörgensen, Martin (Udinese Calcio)
11. Sand, Ebbe (FC Schalke 04)
12. Kahlenberg, Thomas (Bröndby IF)
13. Kroldrup, Per (Udinese Calcio)
14. Jensen, Claus (Charlton Athletic)
15. Jensen, Daniel (Real Murcia)
16. Skov-Jensen, Peter (FC Midtjylland)
17. Poulsen, Christian (FC Schalke 04)
18. Priske, Brian (KRC Genk)
19. Rommedahl, Dennis (PSV Eindhoven)
20. Perez, Kenneth (AZ Alkmaar)
21. Madsen, Peter (VfL Bochum)
22. Andersen, Stephan (AB Kopenhagen)
23. Lövenkrands, Peter (Glasgow Rangers)

Trainer: Morten Olsen

Italien

1. Buffon, Gianluigi (Juventus Turin)
2. Panucci, Christian (AS Rom)
3. Oddo, Massimo (Lazio Rom)
4. Zanetti, Cristiano (Inter Mailand)
5. Cannavaro, Fabio (Inter Mailand)
6. Ferrari, Matteo (AC Parma)
7. Del Piero, Alessandro (Juventus Turin)
8. Gattuso, Gennaro (AC Mailand)
9. Vieri, Christian (Inter Mailand)
10. Totti, Francesco (AS Rom)
11. Corradi, Bernardo (Lazio Rom)
12. Toldo, Francesco (Inter Mailand)
13. Nesta, Alessandro (AC Mailand)
14. Fiore, Stefano (Lazio Rom)
15. Favalli, Giuseppe (Lazio Rom)
16. Camoranesi, Mauro (Juventus Turin)
17. Di Vaio, Marco (Juventus Turin)
18. Cassano, Antonio (AS Rom)
19. Zambrotta, Gianluca (Juventus Turin)
20. Perrotta, Simone (AC Chievo Verona)
21. Pirlo, Andrea (AC Mailand)
22. Peruzzi, Angelo (Lazio Rom)
23. Materazzi, Marco (Inter Mailand)

Trainer: Giovanni Trapattoni

14. Juni 2004 in Guimaraes
Dänemark – Italien 0:0

DÄNEMARK: Sörensen – Helveg, Henriksen, Laursen, N. Jensen – Poulsen (76. Priske), D. Jensen – Rommedahl, Tomasson, Jörgensen (72. Perez) – Sand (69. C. Jensen)
ITALIEN: Buffon – Panucci, Cannavaro, Nesta, Zambrotta – Zanetti (56. Gattuso), Perrotta – Camoranesi (68. Fiore), Totti, del Piero (64. Cassano) – Vieri
Gelbe Karten: Tomasson, Helveg – Cannavaro, Cassano, Gattuso, Totti
Schiedsrichter: Mejuto Gonzalez (Spanien)
Zuschauer: 19 595

Dänemark – Italien 0:0

Kritik an Trap, Sperre für Totti

Dass die Stimmung im italienischen Lager vor dem Spiel gut war, kann man nicht gerade behaupten. Und sie wurde es auch nach diesem torlosen Remis gegen Dänemark nicht. »Wenigstens haben wir uns mit der Realität der Europameisterschaft vertraut gemacht«, sprach Giovanni Trapattoni hernach. Der selbst ernannte Titelkandidat (Trapattoni: »Wir sind Favorit«) machte sich das Leben im Vorfeld selber schwer. »Rivalitäten in der Squadra sind doch normal«, meinte Stürmer Christian Vieri. »Wir wollen ins Finale, und da will jeder dabei sein.«

Die einen beschweren sich über die Berücksichtigung der anderen, Stefano Fiore darüber, dass der gebürtige Argentinier Mauro Camoranesi doch für sein Land spielen sollte, Gennaro Gattuso und Andrea Pirlo vom AC Mailand darüber, dass sich schon frühzeitig abzeichnete, dass sie nicht zur Startformation gegen Dänemark gehören würden. Was im Übrigen auch in der italienischen Öffentlichkeit für Verwunderung sorgte, waren doch beide Schlüsselspieler auf dem Weg zum souveränen Meistertitel von Milan. Dennoch durften die defensiven Cristiano Zanetti (Inter) und Simone Perrotta (Chievo Verona) im Mittelfeld von Beginn an ran. Typisch Trapattoni, es galt Safety First in der »Squadra Azzurra«. Überhaupt: Bei den Italienern stand mit Allesandro Nesta überraschend nur ein Akteur vom Meister in der Startelf. Aber dieser immerhin machte seine Sache in der Innenverteidigung sehr gut, bildete gemeinsam mit Fabio Cannavaro vom Lokalrivalen Inter ein letztlich unüberwindbares Bollwerk gegen die Skandinavier.

Duell mit Folgen: Francesco Totti wurde nach der »Spuck-Affäre« gegen Christian Poulsen (unten) gesperrt.

Zweifellos, die Dänen spielten besser, doch Großchancen waren Mangelware. Der Schalker Ebbe Sand besaß eine von ihnen, als sein Kopfball nur knapp am italienischen Tor vorbeiflog (33.). Die Mannschaft von Trainer Morten Olsen wirkte insgesamt beweglicher und spielfreudiger. Die Italiener waren, vor allem in Halbzeit eins, eine einzige Enttäuschung. Pomadig im Spielaufbau, ohne zündende Ideen im Mittelfeld. An Allesandro del Piero, Trapattonis erklärtem Lieblingsspieler, lief das Geschehen weitestgehend vorbei. Auch so ein Kritikpunkt, sahen doch viele in Romas

VORRUNDE Gruppe C

Antonio Cassano den zuletzt weitaus besseren Regisseur. Aber Cassano hin, del Piero her, fast hätten die Italiener doch gewonnen. Denn ausgerechnet Del Piero, in seiner besten Aktion, und Totti im Nachschuss scheiterten am glänzend reagierenden Thomas Sörensen im Tor der Dänen (44.).

Nach der Pause stand der Keeper von Aston Villa erneut im Blickpunkt, als er Vieris Kopfball über die Latte lenkte (57.). Das war's jedoch für die Italiener. Und dementsprechend zerknirscht war Trapattoni, redete von »Still-liener, auch bei 33 Grad Celsius spielen können.« Das können sie wahrlich. Dabei musste Olsen gegen die Italiener auf seine zwei wichtigsten Stützen verzichten. Thomas Gravesen fehlte wegen einer Roten Karte aus der EM-Qualifikation gesperrt, Jesper Grönkjaer kam wegen der Beerdigung seiner Mutter erst nach dem Auftaktspiel.

Dieses geriet für Francesco Totti im Nachhinein zum großen Aufreger, nicht nur wegen des torlosen Unentschiedens. Wegen einer vom dänischen Fernsehen nachgewiesenen »Spuck-Attacke« gegen den Schalker Christian Poulsen wurde der Stürmer-Star der AS Rom von der Disziplinarkommission der UEFA für drei Spiele gesperrt. Und so hatte sich die Stimmung im italienischen Team noch weiter verschlechtert.

Ladehemmung: Schalkes Ebbe Sand (kleines Bild) traf ebensowenig wie Italiens Camoranesi, den Sand bedrängt.

stand in unserem Spiel. Wir hätten zwar gewinnen können, aber Dänemark hatte es nicht verdient zu verlieren.« In der Tat. Die Dänen feierten den verdienten Punkt. Morten Olsen kam zu einer eigenwilligen Erkenntnis: »Wir haben gezeigt, dass Skandinavier, die sehr viel nördlicher wohnen als die Ita-

Auftakt: Schwedens Ljungberg schoss das 1:0 gegen Bulgarien und leitete so den Kantersieg ein. Berbatov war hernach am Boden (großes Bild, links), Larsson (rechte Seite) überglücklich.

14. Juni 2004 in Lissabon
Schweden – Bulgarien 5:0 (1:0)

SCHWEDEN: Isaksson – Lucic (41. Wilhelmsson), Mellberg, Jakobsson, Edman – Linderoth – Nilsson, Svensson (77. Källström), Ljungberg – Larsson, Ibrahimovic (81. Allbäck).
BULGARIEN: Zdravkov – Ivanov, Kirilov, Pazin, I. Petkov – S. Petrov, Hristov – Peev, M. Petrov (85. Lazarov) – Jankovic (62. Dimitrov) – Berbatov (76. Manchev).
Tore: 1:0 Ljungberg (32.), 2:0 Larsson (57.), 3:0 Larsson (58.), 4:0 Ibrahimovic (78., Foulelfmeter), 5:0 Allbäck (90./+1)
Gelbe Karten: Linderoth, Ibrahimovic – I. Petkov, Kirilov, Jankovic, Ivanov
Schiedsrichter: Riley (England)
Zuschauer: 30 000

Schweden – Bulgarien 5:0

Spielst du noch – oder triffst du schon?

Jordan schaute seinen Vater mit großen, leuchtenden Augen an. »Papa«, bettelte der Kleine, »ich will dich unbedingt noch mal für Schweden spielen sehen.« So – oder so ähnlich – wird es sich wohl zugetragen haben, vor einigen Monaten im Hause Larsson. Der Papa, Henrik, konnte seinem sechsjährigen Sohnemann schließlich nicht widerstehen, nachdem er zuvor sogar entsprechende Bitten des UEFA-Präsidenten Lennart Johansson (in seiner Eigenschaft als schwedischer Fußball-Fan) bezüglich seines zweiten Rücktritts vom Rücktritt aus der Nationalelf negativ beschieden hatte. Eine ganze Nation war Henrik Larsson und speziell seinem Sohn dankbar, die Buchmacher halbierten umgehend die Quoten auf schwedische Erfolge.
Was das alles mit dem ersten EM-Auftritt der Schweden gegen Bulgarien in Lissabon zu tun hat? Eine Menge. Denn besagter Henrik Larsson war es, der den Sieg seiner Farben besiegelte. Mit einem Doppelpack zum 3:0 sorgte er binnen 60 Sekunden für die Entscheidung. Just zu dem Zeitpunkt, als Bulgarien auf den Ausgleich drängte. Edmans schulmäßige, weil scharfe und präzise Flanke vollendete Larsson mit einem traumhaft schönen Kopfball-Torpedo zum 2:0. Und keine Minute später drückte er eine Hereingabe Svenssons mit links in die Maschen – manch anderer Stürmer hätte diesen scheinbar leichten Ball nicht verwertet. »Wir genießen diesen Sieg. Aber es liegt noch ein langer Weg vor uns«, gab sich Larsson nach dem Triumph bescheiden.
Larsson hier, Larsson da. Doch einer One-Man-

VORRUNDE
Gruppe C

Nicht mehr als Mitläufer: Marian Hristov vom 1. FC Kaiserslautern hatte mit seinem Team gegen die Schweden letztlich keine Chance.

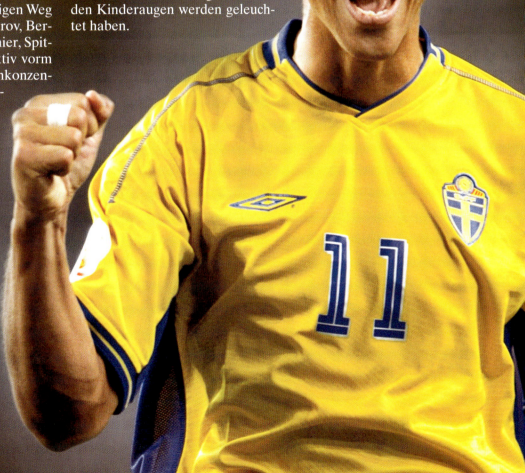

Show hatten die Schweden ihren 5:0-Auftakterfolg mitnichten zu verdanken. Wenn jemals die Floskel von einer mannschaftlich geschlossenen Vorstellung zutraf, dann an jenem Abend des 14. Juni in Lissabon: Eine kompakte Abwehr, ein laufstarkes Mittelfeld, ein treffsicherer Angriff. Fertig. So einfach kann Fußball sein. Weil schnörkellos, weil zielstrebig. Und genau darin lag der große Unterschied zu den Bulgaren, die natürlich um zwei oder drei Tore zu hoch, aber letztlich trotz zumindest in den ersten 45 Minuten gezeigten spielerischen Potenzials verdient unterlagen.

Denn: Während die Schweden den gradlinigen Weg zum Tor suchten, berauschten sich die Petrov, Berbatov und Jankovic an sich selbst: Hacke hier, Spitze da, Dribbling dort. Doch völlig uneffektiv vorm Tor, ohne den präzisen finalen Pass, dazu unkonzentriert im Abschluss. Der Unterschied zwischen den Mannschaften kann in Anlehnung an den Slogan eines großen schwedisches Möbelhauses vollzogen werden: Spielst du noch – oder triffst du schon? Das Auslassen selbst größter Chancen (Martin Petrov, Jankovic, Berbatov) fahrlässig, die Defensivleistung speziell nach dem Wechsel erschreckend schwach: Im Mittelfeld ließ man den Skandinaviern zu viel Raum, die Abwehr war überfordert und letztlich zweikampfschwach. Und die Abseitsfalle sollte nur spielen, wer sie beherrscht. Die Bulgaren jedenfalls waren davon weit entfernt. Beim ersten und letzten Treffer durch Ljungberg und Allbäck machte mindestens ein Abwehrspieler den berühmten und notwendigen Schritt nach vorne zu spät. Ibrahimov schließlich steuerte mit einem unbe- rechtigten Strafstoß das fünfte Tor hinzu und krönte damit eine engagierte Vorstellung.

»Es ist immer leicht für einen Coach, wenn man einen Spieler wie Henrik Larsson hat«, sinnierte später einer der beiden schwedischen Trainer, Lars Lagerbäck. Und Klein-Larsson, Jordan? »Er wird mit mir sehr zufrieden gewesen sein«, strahlte Henrik Larsson. Nur zufrieden? Seine großen, runden Kinderaugen werden geleuchtet haben.

18. Juni 2004 in Braga
Bulgarien – Dänemark 0:2 (0:1)

BULGARIEN: Zdravkov – Ivanov (51. Lazarov), Kirilov, Stojanov, I. Petkov (40. Zagorcic) – S. Petrov – Peev, Jankovic (81. M. Petkov), Hristov, M. Petrov – Berbatov

DÄNEMARK: Sörensen – Helveg, Laursen, Henriksen, N. Jensen – D. Jensen, Gravesen – Tomasson – Rommedahl (23. Grönkjäer), Sand, Jörgensen (72. C. Jensen)

Tore: 0:1 Tomasson (44.), 0:2 Grönkjäer (90./+2)
Gelbe Karten: Kirilov, Stojanov, Zagorcic, Hristov, M. Petrov – N. Jensen, Sand
Gelb-Rote Karte: S. Petrov (83.)
Schiedsrichter: Batista (Portugal)
Zuschauer: 24 131

Bulgarien – Dänemark 0:2
Beton-Bulgaren mauern sich nach Hause

Als hätten sie den bislang verwöhnten Fans mit ihrer enttäuschenden Darbietung in Erinnerung rufen wollen, dass es auch anders geht. Um aller Welt zu verdeutlichen, auf welch hohem Niveau sich die EURO bis dahin bewegt hatte. Dies jedenfalls gelang eindrucksvoll.

Was vor allem den bemitleidenswerten Bulgaren vorzuwerfen war. Das 0:5-Debakel zum Auftakt gegen die Schweden hatte bei den Osteuropäern deutliche Spuren hinterlassen. Äußerlich war freilich nichts zu erkennen, nichts zu sehen von Blessuren, die die Gerüchte von internen Schlägereien in der Kabine nach dem Schweden-Spiel hätten erhärten können.

Das Verhalten auf dem Platz aber verriet pure Verunsicherung. Zudem hatte Trainer Plamen Markov die falschen Konsequenzen aus dem Trauma gezogen und seiner im ersten Spiel zwar glücklosen, aber durchaus gefällig angreifenden Elf nun eine defensivere Marschroute verordnet. Das musste schief gehen. Offensichtlich inspiriert von den Granitwänden hinter den Toren in Bragas Estadio Municipal hatten die Bulgaren Beton angerührt. Doch der bröckelte bedenklich selbst gegen in der Offensive wenig überzeugende Dänen. Die schienen sich den Gegner in aller Ruhe zurechtzulegen ehe sie jeweils kurz vor Abpfiff der beiden Spielabschnitte zuschlugen. Mit zwei Niederlagen und 0:7 Toren war Bulgarien nach Russland als zweites Team bereits nach dem zweiten Spiel de facto ausgeschieden.

»Das war nicht einmal 50 Prozent von dem, was die Mannschaft in der Qualifikation gezeigt hat«, rätselte Ex-Nationalspieler Krassimir Balakov, »das Tragische ist, dass sie großes Potenzial hat, es aber nicht abrufen konnte. Ich verstehe das nicht, wir sind in ein Loch gefallen.« Stuttgarts Assistenztrainer, zugleich auch Berater des bulgarischen Verbandes, wurde sogleich als potenzieller Nachfolger Markovs gehandelt, der (nicht nur) wegen seiner Defensivtaktik arg in Bedrängnis geriet.

»Ich bin bereit, die Konsequenzen zu tragen«, ließ der Gescholtene wissen, gab den Schwarzen Peter aber umgehend an die Mannschaft weiter: »Der Trainer kann nicht die Verantwortung dafür tragen, wie sich die Spieler auf dem Platz betragen«, schimpfte der 46-Jährige, diese hätten »ihren wahren Charakter gezeigt.«

Für seinen »großartigen Charakter« wurde auf der Gegenseite Torschütze Jesper Grönkjaer von Trainer Morten Olsen gelobt. Der Profi vom FC Chelsea, der im ersten EM-Spiel und in einigen Trainingseinheiten wegen des Todes seiner Mutter gefehlt hatte, war nach Rommedahls Verletzung unverhofft zum Einsatz gekommen und hatte seine ansprechende Leistung mit dem entscheidenden 2:0 gekrönt. »Das war fantastisch«, freute sich Grönkjaer, der minutenlang von den dänischen Fans mit Standing Ovations gefeiert wurde, »das werde ich mein ganzes Leben lang nicht vergessen.« Neu ins Team war auch der zunächst noch gesperrte Thomas Gravesen gekommen, der Ex-Hamburger bereitete mit einem schönen Pass den Führungstreffer von Jon Dahl Tomasson vor. Das erste dänische EM-Tor seit acht Jahren, zuletzt hatte Brian Laudrup bei der Euro 1996 in England beim 3:0 gegen die Türkei getroffen. 2000 war Dänemark mit drei Niederlagen und 0:8 Toren ausgeschieden.

Aber auch 2004 war trotz der nurmehr vier Punkte das Viertelfinale noch nicht gesichert. Ein italienischer Sieg gegen Bulgarien vorausgesetzt ergab aus dänischer Sicht vor dem abschließenden Spiel gegen Schweden die heikle Konstellation, dass ein Remis mit jeweils mindestens zwei Toren beide Skandinavier ans Ziel brächte. »Selbstverständlich machen wir einen Deal. Es ist ein Spiel wie zwischen Brüdern«, schürte Olsen sogleich die Spekulationen, »beide Teams stehen sich sehr nahe«, bestätigte auch Dänemarks Verteidiger Thomas Helveg, »es wäre schön, wenn beide Teams gemeinsam ins Viertelfinale einziehen könnten ...«

Immer obenauf: Dänemark blieb auch gegen Bulgarien ungeschlagen, es siegten Ebbe Sand (oben), Jesper Grönkjäer (unten) und Thomas Gravesen (gegen Jankovic).

Italien – Schweden 1:1

Das Zaubertor des Zlatan Ibrahimovic

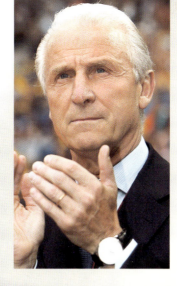

Irgendwann, vor mehr als zwanzig Jahren, sind der Hausmeister Sefik und die Putzfrau Jurka Ibrahimovic aus dem früheren Jugoslawien ausgewandert. Nach Schweden, in einen Vorort von Malmö. Was das mit der Partie der Schweden gegen Italien zu tun hat? Viel. Sehr viel. Denn Sohn Zlatan, inzwischen 22 Jahre alt, erzielte ein Traumtor, vielleicht das schönste Tor dieser EURO 2004 in Portugal überhaupt.

In der 85. Minute springen Mellberg und Panucci nach einer Ecke hoch zum Kopfball, das Spielgerät steigt danach ebenfalls in den Nachthimmel und fällt acht Meter vor dem italienischen Tor wieder herunter. Während Keeper Gigi Buffon nach vorne stürzt, versucht Zlatan Ibrahimovic mit dem Rücken zum Tor einen Kunstschuss mit der Hacke. Und trifft so genial, dass der Ball über den an der Linie neben dem Pfosten postierten Christian Vieri hinweg genau in den oberen Winkel huscht. Ein Zaubertor des schwedischen Stürmerstars und das 1:1. Der Endstand nach einem rasanten Spiel mit hohem Tempo, vielen Torszenen, lange Zeit starken Italienern und unglaublich konditions- und willensstarken Schweden.

»Holland groet Zlatan« steht auf einem Plakat noch lange nach Schlusspfiff. Holland grüßt Zlatan. Weil Ibrahimovic noch bis 2006 bei Ajax Amsterdam unter Vertrag steht, dort auch seine Champions-League-Einsätze hat. Für neun Millionen Euro haben ihn die Holländer 2001 aus Malmö geholt. Viel Geld für einen jungen, schlaksigen Mann. Mit seinen 1,92 Metern ist der Hüne dennoch erstaunlich trickreich. Und trotz seines Babyfaces wird Ibrahimovic (bis dahin zwei EM-Tore) zum gefürchteten Killer im gegnerischen Strafraum.

Für Italien ein Alptraum. Vor der Partie hatte man fast gedacht, die »squadra azzurra« bräuchte erst gar nicht anzutreten. Schließlich war Francesco Totti, der Superstar, wegen seiner Spuckattacke gegen den Dänen Christian Poulsen im Auftaktmatch für drei Spiele gesperrt worden. Da konnte nicht einmal die eigens eingeflogene Star-Anwältin Giulia Bongiorno helfen, die schon den Politiker Giulio Andreotti aus zwei Mafia-Prozessen herausgeboxt hatte. Alle waren sauer auf Tottis Verfehlung, aber Italia ohne Totti, das ist wie Pisa mit geradem Turm. Das geht nicht, dachten die Tifosi. Und irrten. Es ging sogar wunderbar.

Antonio Cassano, wie Totti beim AS Rom, vertrat den Star auf dessen offensiver Mittelfeldposition glänzend. Trotz oder wegen seiner Jugend avancierte der 21-Jährige, der bislang nur eine Handvoll Länderspiele aufweisen konnte, zum torgefährlichsten Italiener und markierte nach einer Flanke Panuccis per Kopf das 1:0 (37.). Fast hätte er in der Nachspielzeit die beste erste Halbzeit der Italiener seit Jahren mit dem zweiten Treffer gekrönt. Doch die Azzurri versäumten den Fangschuss. Trotzdem ist Cassanos Stern im Estadio do Dragao zu Porto aufgegangen, auch wenn ihn Ibrahimovic an diesem Abend kometenhaft überstrahlte.

Italiens Trainer Giovanni Trapattoni wechselte nach der Pause für seine Verhältnisse offensiv aus, verzichtete darauf, ein »catenaccio« aufzubauen. Der Mut wurde nicht belohnt, weil die Schweden mit jeder Einwechslung druckvoller wurden. Das Tempo stieg, die Italiener konnten sich nur noch selten befreien und so kamen doch die Juwelen des Drei-Kronen-Teams noch zum Tragen: Freddie Ljungberg, Henrik Larsson und natürlich Zlatan Ibrahimovic, der Torschütze. Die Unterstützung der eingewechselten Kim Källström, Mattias Jonsson und Marcus Allbäck war zwar nötig, aber sie griff. Übrigens: Kurz nach der Geburt von Zlatan ließen sich Jurka und Sefik Ibrahimovic einst scheiden. Der Junge wuchs beim strengen Vater auf. Alter Schwede, es hat ihm offensichtlich nicht geschadet.

VORRUNDE Gruppe C

18. Juni 2004 in Porto
Italien – Schweden 1:1 (1:0)

ITALIEN: Buffon – Panucci, Nesta, Cannavaro, Zambrotta – Gattuso (76. Favalli), Pirlo, Cassano (70. Fiore), Perrotta – Vieri, Del Piero (82. Camoranesi)
SCHWEDEN: Isaksson – Nilsson, Mellberg, Jakobsson, Edman (77. Allbäck) – Wilhelmsson (67. Jonsson), Linderoth, Svensson (55. Källström), Ljungberg – Larsson, Ibrahimovic
Tore: 1:0 Cassano (37.), 1:1 Ibrahimovic (85.)
Gelbe Karten: Cannavaro, Gattuso, Zambrotta – Linderoth, Edman
Schiedsrichter: Meier (Schweiz)
Zuschauer: 44 926

Applaus: Beim Zaubertor von Zlatan Ibrahimovic (unten) schien auch Italiens Trainer Giovanni Trapattoni (oben) vor Verzückung zu applaudieren.

Tor ohne Jubel: Antonio Cassano traf in der Nachspielzeit zum italienischen Sieg gegen die Bulgaren, zum Weiterkommen reichte es dennoch nicht.

Italien – Bulgarien 2:1

Der Himmel weinte mit Italien

Der Himmel weinte, da hatte das Spiel noch gar nicht begonnen. Am ersten Regentag der EURO 2004 stand das italienische Team Arm in Arm bereits völlig durchnässt im Stadion von Guimares und sang inbrünstig die Hymne: Textsicher, wie man es aus dem Land der großen Opern gewohnt ist. Unsicherheit folgte nach dem Anpfiff. Die »squadra azzurra« musste das letzte Vorrundenspiel der Gruppe C gegen die zuvor bereits ausgeschiedenen Bulgaren gewinnen, wollte sie eine Chance auf das Viertelfinale haben. Entsprechend nervös verliefen die Anfangsminuten auf Seiten der Mannschaft von Giovanni Trapattoni. Bulgariens Defensive inklusive des früheren Bundesliga-Spielers Daniel Borimirov (1860 München) funktionierte zu Beginn der Partie. Italien – ohne die gesperrten Francesco Totti, Fabio Cannavaro und Gennaro Gattuso sowie zunächst ohne den angeschlagenen Christian Vieri – hatte enorme Probleme beim Spielaufbau

gegen den gut stehenden Gegner, nur Gianluca Zambrotta sorgte auf der linken Außenbahn in dieser Phase der Begegnung regelmäßig für Gefahr. Erst in der 13. Spielminute kam es zum ersten Torschuss im Spiel – von bulgarischer Seite. Martin Petrov vom VfL Wolfsburg prüfte Gianluigi Buffon mit einem Knaller aus gut 15 Metern. Bei strömendem Regen kein leichtes Unterfangen für Italiens Schlussmann. Das Spiel blieb glanzlos, Italien stand ohne Mumm und Selbstbewusstsein auf dem Platz. Die Bulgaren aber wurden immer spielfreudiger – und einen Tick frecher.

Richtig frech präsentierte sich Stürmer Dimitar Berbatov, der in der 44. Spielminute einen Elfmeter für die Bulgaren rausholte, den Martin Petrov verwandelte. Dabei ging das Foul im Zweikampf mit Marco Materazzi mehr von Leverkusens Stürmer aus.

Nach der Pause wachten die Italiener endlich auf, Kampfgeist entwickelte sich, Engagement wurde gezeigt. Und die Belohnung folgte prompt: Simone Perrotta erzielte den verdienten Ausgleich. Italien blieb am Drücker. Mittlerweile hatte der Regen über Guimaraes etwas nachgelassen, für den Lichtstreif am dunklen Horizont wollte das Team um den mittlerweile eingewechselten Vieri und den nun unermüdlich rackernden del Piero selbst sorgen.

Die Leitung zum parallel stattfindenden anderen Gruppenspiel Dänemark gegen Schweden brachte frohe Kunde: 2:1 für die Dänen. Damit würde Italien ein weiterer Treffer zum Viertelfinaleinzug rei-

---

22. Juni 2004 in Guimaraes
Italien – Bulgarien 2:1 (0:1)

ITALIEN: Buffon – Panucci, Nesta, Materazzi (83. di Vaio), Zambrotta – Perrotta (68. Oddo), Pirlo, Fiore – Cassano, del Piero – Corradi (53. Vieri)
BULGARIEN: Zdravkov – Borimirov, Pazin (64. Kotev), Zagorcic, Stojanov – Hristov (79. Dimitrov), M. Petkov – Lazarov, Jankovic (46. Bojinov), M. Petrov – Berbatov
Tore: 0:1 M. Petrov (45., Foulelfmeter), 1:1 Perrotta (48.), 2:1 Cassano (90./+4)
Gelbe Karten: Materazzi – M. Petrov, Bojinov, Stojanov, Lazarov
Schiedsrichter: Ivanov (Russland)
Zuschauer: 16 002

VORRUNDE Gruppe C

chen. Los ging's, alles wurde nach vorne geworfen. Zweifelhafte Schiedsrichterentscheidungen – in der 82. Spielminute verwehrte der russische Unparteiische Ivanov einen klaren Strafstoß für Italien – konnten es nicht verhindern: Dank fünf Minuten Nachspielzeit schaffte Italien das ersehnte Tor zum 2:1 durch Antonio Cassano. Der Stürmer vom AS Rom konnte sein Glück nicht fassen, lief außer sich vor Freude zur eigenen Bank, direkt in die Arme von Menschen mit betretenen Gesichtern. Sie wussten es schon: Schweden hatte wenige Sekunden zuvor den Ausgleich in Porto erzielt, der Sieg für Italien war nutzlos.

Das pure Entsetzen stand nicht nur Cassano ins Gesicht geschrieben. Sein Team hatte sich in diesem Spiel gegen die Bulgaren nichts vorzuwerfen, bis zuletzt wurde für den Erfolg gekämpft. Die »squadra azzurra« war raus aus dem Turnier, hatte durch Remis gegen Dänemark und Schweden die EURO vergeigt. »Wir gehen trotzdem erhobenen Hauptes raus«, erklärte ein enttäuschter Trapattoni nach dem Spiel. Es war sein letztes als Cheftrainer der Nationalelf. Marcello Lippi wird ihn beerben.

Traurige Szenen an einem denkwürdigen Abend in Portugal. Nur der Wettergott meinte es nach dem Abpfiff gut mit allen Akteuren: Es hatte aufgehört zu regnen – Italien aber weinte.

Ende eines Traums: Auch in seinem wohl letzten großen internationalen Turnier blieb Alessandro del Piero ein Titel verwehrt.

Doppeltorschütze: Jon Dahl Tomasson (unten) brachte Dänemark im Skandinavier-Treffen zwei Mal in Front.

Dänemark – Schweden 2:2

Tolles Spiel, tolles Ergebnis, beide weiter

Am Ende hatten sie ihr Wunschergebnis, die Schweden und die Dänen. »Dann spielen wir eben 2:2«, hatte Morten Olsen, der dänische Trainer, nach dem zweiten Spieltag der Gruppe C noch voller Humor angekündigt, in dem Wissen, dass genau dieses Unentschieden beiden Skandinavien-Vertretern zum Vorstoß ins Viertelfinale reichen würde. Nach den 90 Minuten im Dauerregen von Porto stand tatsächlich das Traumresultat, das beide Teams ins Viertelfinale vorstoßen ließ. 2:2 – das Reglement, das bei Punktgleichheit die Entscheidung durch den direkten Vergleich vorsah, kickte Italien raus. Da konnten die Italiener machen, was sie wollten oder auch noch so hoch gegen Bulgarien gewinnen. Italien raus, Schweden und Dänemark triumphierten.

»Italien durch ein angekündigtes Unentschieden eliminiert«, titelte »Il Messagero«. Die Fans, die Medien, die Mannen der geschlagenen Squadra azzurra heulten und klapperten mit den Zähnen. Und viele witterten natürlich die Verschwörung. Der italienische Sender RAI hatte extra zwei Spezialkameras zum Spiel der Nordeuropäer geschickt, wollte genau hinschauen, ob irgendwas faul ist beim Aufeinandertreffen der Dänen und Schweden. Dumm für die TV-Macher vom Apennin: Es war beim besten Willen nichts zu finden. Da konnten sie suchen, wie sie wollten. Auf den gefilmten Bildern war letztlich nur eins zu sehen: Die Dänen und die Schweden taten das, was die Fans bei der EURO am liebsten hatten. Sie spielten einfach gut Fußball. Beide Mannschaften. Allen voran Jon Dahl Tomasson. Der Mann, normalerweise hinter dem dänischen Dreier-Sturm agierend, war beim Toreschießen ganz vorn. Beim 1:0 profitierte er von einer Vorarbeit des Schalkers Ebbe Sand, traf herrlich in den Winkel. Beim 2:1 war er mit einem Linksschuss erfolgreich. »Ich bin stolz darauf, dass wir in dieser Gruppe weiterge-

---

22. Juni 2004 in Porto
Dänemark – Schweden 2:2 (1:0)

DÄNEMARK: Sörensen – Helveg, Laursen, Henriksen, N. Jensen (46. Bögelund) – D. Jensen (65. Poulsen), Gravesen – Grönkjäer, Tomasson, Jörgensen (57. Rommedahl) – Sand
SCHWEDEN: Isaksson – Nilsson, Mellberg, Jakobsson, Edman – Andersson (81. Allbäck) – Jonson, Källström (72. Wilhelmsson), Ljungberg – Ibrahimovic, Larsson
Tore: 1:0 Tomasson (28.), 1:1 Larsson (47., Foulelfmeter), 2:1 Tomasson (66.), 2:2 Jonson (89.)
Gelbe Karten: Edman, Källström
Schiedsrichter: Dr. Merk (Deutschland)
Zuschauer: 26 115

VORRUNDE Gruppe C

kommen sind«, meinte der Mann, der beim italienischen Meister AC Mailand sein Geld verdient. Doch er fand trotz der spannenden und gutklassigen Partie auch kritische Worte. »Wir haben nicht so gut gespielt, aber ich bin froh, dass wir im Viertelfinale sind und das ist das Wichtigste.«

Kritik musste sich vor allem der dänische Torhüter gefallen lassen. Thomas Sörensen von Aston Villa hatte wahrlich nicht seinen besten Tag erwischt. »Er hat Schuld an beiden Toren, da muss er besser werden«, schimpfte Thomas Gravesen. Der 28-Jährige sah in der Tat bei beiden Gegentreffern schlecht aus. Beim 1:1 holte er Larsson von den Beinen, den vom sehr starken deutschen Schiedsrichter Markus Merk verhängten Strafstoß verwandelte der Gefoulte selbst. Auch beim späten 2:2 durch Jonson sah der dänische Schlussmann schlecht aus.

Aber letztlich fielen die Patzer von Sörensen nicht ins Gewicht. Die Dänen feierten, und auch Morten Olsen jubelte. »Wir haben fantastisch gefightet«, erklärte der ehemalige Bundesligaspieler. Einzig die Verletzung von Niclas Jensen bereitete dem Coach Kopfzerbrechen im Hinblick auf das Viertelfinalspiel gegen die Tschechen. Niclas Jensen war von Matthias Jonson am Schienbein getroffen worden, musste mit 28 Stichen genäht werden. Bitter für die Dänen, denn in der Nationalmannschaft genießt der Verteidiger einen weitaus höheren Stellenwert als in seinem Verein Borussia Dortmund. Sagt man ihm im Klub ein gewisses Phlegma nach, so besticht Jensen in der Auswahl mit modernem Spiel, starken Attacken und erstklassigen Flanken.

Schweden gegen Dänemark – das war ein Klasse-Spiel. Dass es den Italienern nicht schmeckte, das konnte den Nordlichtern wirklich egal sein. Wer nach diesem intensiven Match an ein Komplott oder Ähnliches glaubt, dem ist nicht zu helfen. Auch wenn er Italiener ist.

Weitergekommen: Am Ende, nach dem 2:2, konnten Ibrahimovic und Laursen, Schweden wie Dänen, den Einzug ins Viertelfinale feiern.

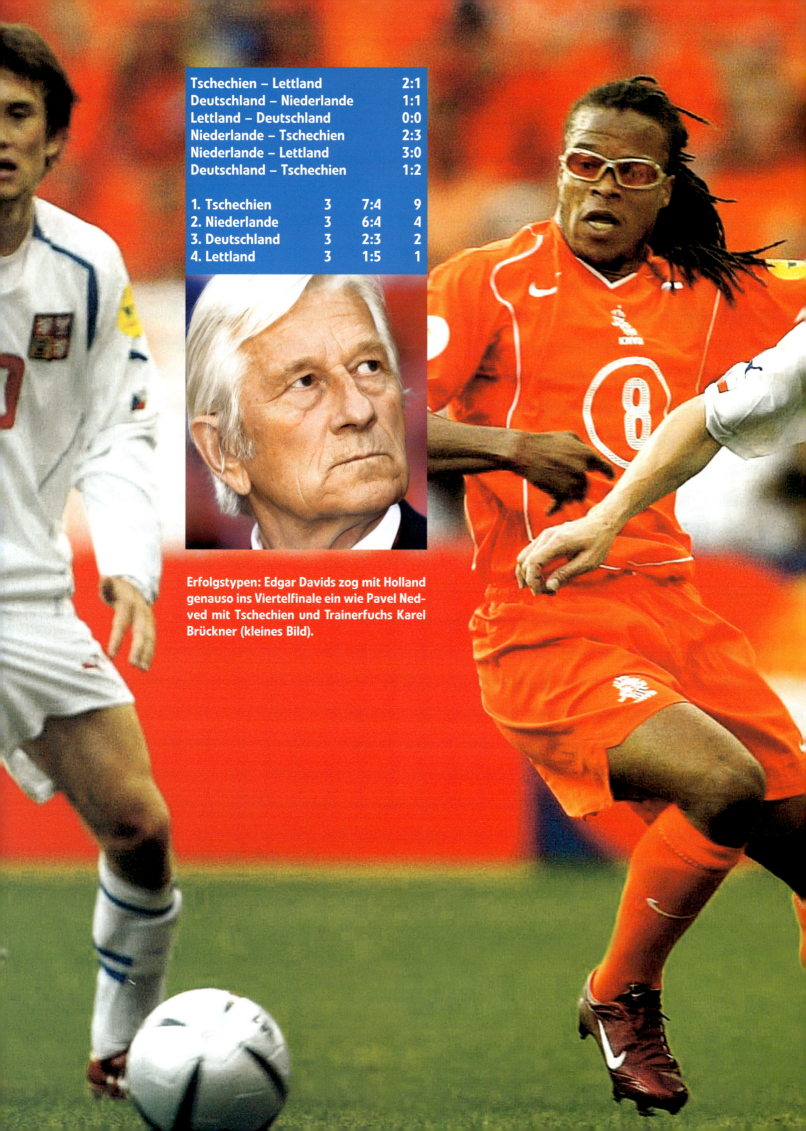

Tschechien – Lettland			2:1
Deutschland – Niederlande			1:1
Lettland – Deutschland			0:0
Niederlande – Tschechien			2:3
Niederlande – Lettland			3:0
Deutschland – Tschechien			1:2
1. Tschechien	3	7:4	9
2. Niederlande	3	6:4	4
3. Deutschland	3	2:3	2
4. Lettland	3	1:5	1

Erfolgstypen: Edgar Davids zog mit Holland genauso ins Viertelfinale ein wie Pavel Nedved mit Tschechien und Trainerfuchs Karel Brückner (kleines Bild).

VORRUNDE
Gruppe D

Tschechien
Lettland
Deutschland
Niederlande

Aus, Schluss vorbei – selbst die Pessimisten unter den deutschen Kritikern hatten ein besseres Abschneiden der DFB-Elf erwartet. Nun flog das Team bereits nach der Vorrunde ohne Sieg und spielerische Glanzlichter nach Hause, Teamchef Rudi Völler erklärte noch in Portugal seinen Rücktritt. Jubel hingegen bei den deutschen Nachbarn: Die Nedved und Co. überstanden mit Tschechien als einziges der 16 EM-Teams die Vorrunde ohne Punktverlust, die Holländer zogen ebenfalls ins Viertelfinale ein. Positive Überraschung: Underdog Lettland, das nicht nur die Deutschen beim 0:0 ärgerte.

Tschechien

1. Cech, Petr (Stade Rennes)
2. Grygera, Zdenek (Ajax Amsterdam)
3. Mares, Pavel (Zenit St. Petersburg)
4. Galasek, Tomas (Ajax Amsterdam)
5. Bolf, René (Banik Ostrava)
6. Jankulovski, Marek (Udinese Calcio)
7. Smicer, Vladimir (FC Liverpool)
8. Poborsky, Karel (Sparta Prag)
9. Koller, Jan (Borussia Dortmund)
10. Rosicky, Tomás (Borussia Dortmund)
11. Nedved, Pavel (Juventus Turin)
12. Lokvenc, Vratislav (1. FC Kaiserslautern)
13. Jiranek, Martin (Reggina Calcio)
14. Vachousek, Stepan (Olympique Marseille)
15. Baros, Milan (FC Liverpool)
16. Blazek, Jaromir (Sparta Prag)
17. Hübschmann, Tomás (Sparta Prag)
18. Heinz, Marek (Banik Ostrava)
19. Tyce, Roman (1860 München)
20. Plasil, Jaroslav (AS Monaco)
21. Ujfalusi, Tomas (Hamburger SV)
22. Rozehnal, David (FC Brügge)
23. Kinsky, Antonin (Saturn Ramenskoje)

Trainer: Karel Brückner

Lettland

1. Kolinko, Aleksandrs (FK Rostow)
2. Stepanovs, Igor (SK Beveren)
3. Astafjevs, Vitalis (Admira/Wacker Mödling)
4. Zemlinskis, Mihals (Skonto Riga)
5. Laizans, Juris (ZSKA Moskau)
6. Blagonadezdins, Olegs (Skonto Riga)
7. Isakovs, Aleksandrs (Skonto Riga)
8. Bleidelis, Imants (Viborg FF)
9. Verpakovskis, Maris (Dynamo Kiew)
10. Rubins, Andrejs (Shinnik Jaroslawl)
11. Prohorenkovs, Andrejs (Maccabi Tel Aviv)
12. Piedels, Andrejs (Skonto Riga)
13. Pucinsks, Jurgis (Luch Wladiwostok)
14. Lobanovs, Valentins (Met. Saporoschije)
15. Smirnovs, Maris (FK Ventspils)
16. Zirnis, Dzintars (Metalurgs Liepaja)
17. Pahars, Marians (FC Southampton)
18. Korablovs, Igors (FK Ventspils)
19. Stolcers, Andrejs (FC Fulham)
20. Pavlovs, Andrejs (Skonto Riga)
21. Miholaps, Mihails (Skonto Riga)
22. Zakresevskis, Arturs (Skonto Riga)
23. Rimkus, Vits (FK Ventspils)

Trainer: Aleksandrs Starkovs

Deutschland

1. Kahn, Oliver (Bayern München)
2. Hinkel, Andreas (VfB Stuttgart)
3. Friedrich, Arne (Hertha BSC Berlin)
4. Wörns, Christian (Borussia Dortmund)
5. Nowotny, Jens (Bayer Leverkusen)
6. Baumann, Frank (Werder Bremen)
7. Schweinsteiger, Bastian (Bayern München)
8. Hamann, Dietmar (FC Liverpool)
9. Bobic, Fredi (Hertha BSC Berlin)
10. Kuranyi, Kevin (VfB Stuttgart)
11. Klose, Miroslav (1. FC Kaiserslautern)
12. Lehmann, Jens (FC Arsenal)
13. Ballack, Michael (Bayern München)
14. Brdaric, Thomas (Hannover 96)
15. Kehl, Sebastian (Borussia Dortmund)
16. Jeremies, Jens (Bayern München)
17. Ziege, Christian (Tottenham Hotspur)
18. Ernst, Fabian (Werder Bremen)
19. Schneider, Bernd (Bayer Leverkusen)
20. Podolski, Lukas (1. FC Köln)
21. Lahm, Philipp (VfB Stuttgart)
22. Frings, Torsten (Borussia Dortmund)
23. Hildebrand, Timo (VfB Stuttgart)

Trainer: Rudi Völler

Niederlande

1. Van der Sar, Edwin (FC Fulham)
2. Reiziger, Michael (FC Barcelona)
3. Stam, Jaap (Lazio Rom)
4. Bouma, Wilfred (PSV Eindhoven)
5. Van Bronckhorst, Giovanni (FC Barcelona)
6. Cocu, Phillip (FC Barcelona)
7. Van der Meyde, Andy (Inter Mailand)
8. Davids, Edgar (FC Barcelona)
9. Kluivert, Patrick (FC Barcelona)
10. Van Nistelrooy, Ruud (Manchester Utd.)
11. Van der Vaart, Rafael (Ajax Amsterdam)
12. Makaay, Roy (Bayern München)
13. Westerveld, Sander (Real Sociedad)
14. Sneijder, Wesley (Ajax Amsterdam)
15. De Boer, Frank (Glasgow Rangers)
16. Overmars, Marc (FC Barcelona)
17. Van Hooijdonk, Pierre (Fenerbahce Istanbul)
18. Heitinga, Johnny (Ajax Amsterdam)
19. Robben, Arjen (PSV Eindhoven)
20. Seedorf, Clarence (AC Mailand)
21. Bosvelt, Paul (Manchester City)
22. Zenden, Boudewijn (FC Middlesbrough)
23. Waterreus, Ronald (PSV Eindhoven)

Trainer: Dick Advocaat

Aus: Nach dem 1:2 gegen Tschechien konnte die DFB-Auswahl mit Bernd Schneider, Rudi Völler, Oliver Kahn, Kevin Kuranyi und Lukas Podolski die Koffer packen.

Auf des Messers Schneide: Der eingewechselte Marek Heinz (oben) schoss Tschechien zum Sieg, nachdem Maris Verpakovskis Außenseiter Lettland in Führung gebracht hatte (großes Bild).

Tschechien – Lettland 2:1

Rechenkünstler schlagen die Beton-Familie

Als eine Kopie des spanischen Klassestürmers Raul gilt Maris Verpakovskis in seiner lettischen Heimat. Schließlich hatte in erster Linie der Stürmer von Dynamo Kiew mit seinen sechs Treffern in der Qualifikation seinem Land den Weg nach Portugal geebnet. Und prompt sorgte der 24-Jährige auch gegen den hohen Favoriten Tschechien für den ersten Paukenschlag einer lettischen Nationalelf bei einem großen Endrunden-Turnier: Sein Treffer in der Nachspielzeit der ersten Halbzeit schockte die Tschechen nachhaltig. Zum Punktgewinn aber reichte dieses Tor im ersten Gruppenspiel nicht, weil der EM-Neuling in den ständigen Attacken des Favoriten aus Tschechien zusehends den Überblick verlor. Es war ein flotter Angriff, geradlinig und direkt, der den Außenseiter in Vorteil brachte, auch wenn die Namen der Beteiligten schier unaussprechlich sind: Blagonadezdins schlägt einen langen Ball auf die linke Seite, Prohorenkovs flankt in die Mitte, wo Torhüter Cech nicht im Bilde ist, und eben jener Verpakovskis lenkt den Ball mit links zum 1:0 über die Linie. Die Tschechen schauen sich betreten an, fühlen sich wie im falschen Film – ihnen läuft die Zeit davon.

Ausgerechnet Marek Heinz spuckte den Letten dann in die Suppe. Der blonde Stürmer, der in der Bundesliga beim HSV und bei Arminia Bielefeld meist den Nachweis seiner Klasse schuldig geblieben war, krönte den Sturmlauf in der zweiten Hälfte, als sich die Gegner weit zurückgezogen hatten und sich nur noch gelegentlich mit Kontern aus der eigenen Hälfte befreien konnten. Schlimm für den Außenseiter, dass in den entscheidenden Szenen Schlussmann Aleksandrs Kolinko patzte, der sich zuvor mit glänzenden Paraden bewährt hatte: Zunächst missglückte dem 1,90-Meter-Mann eine Faustabwehr, sie traf genau auf Milan Baros, der aus zehn Metern sofort schoss. Unter dem Arm des lettischen Keepers rutschte der Ball zum Ausgleich ins Netz.

Fünf Minuten vor dem Abpfiff musste der EM-Debütant auch noch das 1:2 hinnehmen, als es im Strafraum drunter und drüber ging: Kolinko klärte zunächst im Herauslaufen zu zaghaft, prallte dann mit

---

15. Juni 2004 in Aveiro
Tschechien – Lettland 2:1 (0:1)

TSCHECHIEN: Cech – Grygera (56. Heinz), Bolf, Ujfalusi, Jankulovski – Galasek (64. Smicer) – Poborsky, Rosicky, Nedved – Baros (87. Jiranek) – Koller

LETTLAND: Kolinko – Isakovs, Zemlinskis, Stepanovs, Blagonadezdins – Bleidelis, Astafjevs, Lobanovs (90. Rimkus), Rubins – Prohorenkovs – (72. Laizans), Verpakovskis (81. Pahars)

Tore: 0:1 Verpakovskis (45./+1), 1:1 Baros (73.), 2:1 Heinz (85.)

Schiedsrichter: Veissière (Frankreich)

Zuschauer: 21 744

VORRUNDE Gruppe D

Stolperstein: Mehr Mühe als erwartet hatten Marek Jankulovski und die tschechische Defensivabteilung gegen den EM-Neuling Lettland.

Baros zusammen, faustete daneben, und Heinz schoss den Ball mit links in den oberen Winkel. »Ich hatte nie das Gefühl, dass wir hier verlieren könnten«, sagte Heinz, der mit Banik Ostrava unlängst Meister geworden war, zwar hinterher, doch auch dem Siegtorschützen war anzumerken, wie schwer dem Europameister von 1976 der Einstieg in das Turnier gefallen war. Denn die tapferen Letten kämpften mit viel Herz, gaben keinen Ball verloren und zeigten sich als geschlossenen Einheit.

»Die anderen haben vielleicht viele Stars«, sinnierte Letten-Trainer Aleksandars Starkovs, »wir dagegen haben eine große Familie.« Und das Familien-Oberhaupt hatte seinen Kickern (beinahe) das richtige Rezept mit auf den Weg gegeben, um die Star-Truppe um die Bundesliga-Asse Rosicky und Koller in Bedrängnis zu bringen: Hinten rührte der Außenseiter Beton an und brachte den Favoriten mit großem läuferischem Aufwand aus dem Takt. Sehr sehenswert war das zwar nicht, aber die zunächst zu pomadigen Tschechen hatten ihre liebe Mühe und Not, dieses Bollwerk zu knacken.

»Die nächsten Spiele gegen Holland und Deutschland«, befand Tomas Rosicky, »die werden garantiert leichter als gegen diese Truppe.« Derweil hatte sein Kollege Vladimir Smicer, erst nach gut einer Stunde eingewechselt, schon eine wahre Minimalisten-Rechnung aufgemacht, um den EM-Titel nach Tschechien zu holen. »Ein Sieg gegen Lettland, dann Unentschieden gegen Holland und Deutschland. Anschließend gewinnen wir die nächsten drei Spiele und sind Europameister«, rechnete der Profi des FC Liverpool. »Da haben wir jetzt den ersten Schritt geschafft.« Gegen die »lettische Familie« ist der klare Favorit noch einmal mit einem blauen Auge davon gekommen.

15. Juni 2004 in Porto
Deutschland – Niederlande 1:1 (1:0)

DEUTSCHLAND: Kahn – Friedrich, Wörns, Nowotny, Lahm – Hamann, Baumann – Schneider (68. Schweinsteiger), Ballack, Frings (79. Ernst) – Kuranyi (85. Bobic)

NIEDERLANDE: Van der Sar – Heitinga (74. Van Hooijdonk), Stam, Bouma, Van Bronckhorst – Cocu, Davids (46. Sneijder) – Van der Meyde, Van der Vaart, Zenden (46. Overmars) – Van Nistelrooy

Tore: 1:0 Frings (30.), 1:1 Van Nistelrooy (81.)
Gelbe Karten: Kuranyi, Ballack – Cocu, Stam
Schiedsrichter: Frisk (Schweden)
Zuschauer: 52 000 (ausverkauft)

Deutschland – Niederlande 1:1

Spätes Oranje-Glück – artistisch, unhaltbar, unnachahmlich

Sein erster Gang nach dem Schlusspfiff führte ihn an die Seitenlinie zu Teamchef Rudi Völler. Entschuldigend und ungläubig zugleich schüttelte Christian Wörns den Kopf; ganz nah dran gewesen sei er doch an Ruud van Nistelrooy in jener 81. Minute. Am erfolgreichen Torschuss zum 1:1 konnte der routinierte Verteidiger von Borussia Dortmund den holländischen Weltklassestürmer, ansonsten im Dienste von Manchester United, trotzdem nicht hindern. Bis zehn Minuten vor Schluss hatte es nach einem verdienten Triumph der DFB-Elf zum Auftakt bei der EURO 2004 ausgesehen, am Ende aber stand gegen den Erzrivalen aus den Niederlanden ein leistungsgerechtes Unentschieden.

Die Selbstvorwürfe seines Verteidigers, der in den Vorbereitungsspielen zur Europameisterschaft – speziell beim 0:2 gegen Ungarn – eine mehr als unglückliche Figur abgegeben hatte, wiegelte Völler allerdings sofort ab. Zu sehr war er zufrieden mit der Vorstellung seiner Mannschaft, der besten seit dem verlorenen Weltmeisterschafts-Finale 2002, als man Brasilien unterlegen war. Deutschland hatte schließlich allen Unkenrufen zum Trotz die Partie gegen die favorisierten Holländer über weite Strecken dominiert.

Beide Teams waren mit einer betont defensiven Aufstellung in das Turnier gestartet, jeweils nur eine Angriffsspitze sollte es mit der gegnerischen Viererkette aufnehmen. Bei den Holländern musste Bayern-Stürmer Roy Makaay wie erwartet auf der Bank Platz nehmen. Auf deutscher Seite war der Bremer Frank Baumann als zusätzliche Absicherung neben Dietmar Hamann ins defensive Mittelfeld berufen worden, davor sollten sich Schneider, Ballack und Frings um Unterstützung für Solostürmer Kevin Kuranyi bemühen, der durch unermüdlichen Einsatz überzeugte.

Und Völlers Rechnung ging zumindest vor der Pause auf. Das deutsche Mittelfeld erstickte jedweden Anflug von konstruktiver Spielgestaltung der Oranje »Elftal« im Keim, konsequent wurde der ballführende Gegner sofort attackiert. Nach Anfangsschwierigkeiten gut, da kompromisslos im Zweikampf, zeigten sich Dietmar Hamann und Michael Ballack gar omnipräsent. Eine breite Brust hatte der Teamchef vor dem Spiel von seinen Kickern gefordert, die weißen Adler-Trikots schienen bis zum Zerreißen gespannt. Mit Ausnahme einer Unachtsamkeit in der zweiten Minute, als van Nistelrooy seinem ständigen Begleiter Wörns entwischt war, die Kugel aber verfehlte, stand auch die viel gescholtene Abwehr um Christian Wörns um Jens Nowotny sicher. Den für gewöhnlich spielstarken Holländern schmeckte das gar nicht.

Aber nicht nur defensiv glänzte die deutsche Auswahl, auch Richtung gegnerisches Tor wurden im ersten Durchgang einige ansehnliche Angriffe vorgetragen. Mit viel Tempo schwärmten die Mittelfeldspieler immer wieder aus und stifteten Verwirrung in der holländischen Hintermannschaft, obschon klare Torchancen sich auf Standardsituationen beschränkten. Nach dem ersten Eckball des Spiels in der 24. Minute war Wörns völlig frei zum Kopfball gekommen, der Dortmunder platzierte seinen Aufsetzer jedoch nicht genau genug und blieb somit auch im 57. Länderspiel ohne einen Treffer.

Auch die verdiente Führung für Deutschland resultierte aus einem ruhenden Ball. Nach einem Foul von Cocu an Lahm auf dem linken Flügel trat Torsten Frings den Ball schulbuchmäßig vor das Tor. Die Kugel schaffte es vorbei an einem Pulk von Spielern im Strafraum, setzte im Fünfmeterraum kurz auf, prallte an den langen Pfosten und von dort unhaltbar für Keeper Edwin van der Sar ins Netz – 1:0. Im Estadio do Dragao zu Porto hatte es den gut

VORRUNDE Gruppe D

Die deutschen Spieler in der Einzelanalyse

Nr.	Name	Pässe	zum Mitspieler	in %	Ballgewinne	Torschüsse	Fouls
1	Kahn	34	19	56		0	0
3	Friedrich	34	27	79	7	0	2
4	Wörns	40	33	83	10	2	0
5	Nowotny	29	22	76	9	0	2
6	Baumann	22	21	95	5	1	0
8	Hamann	49	45	92	13	1	1
10	Kuranyi bis 85. min	20	12	60	3	3	4
13	Ballack	57	41	72	9	3	3
19	Schneider bis 68. min	34	26	76	6	0	1
21	Lahm	31	27	87	7	1	1
22	Frings bis 79. min	35	30	86	5	2	1
7	Schweinsteiger ab 68. min	13	9	69	3	3	0
18	Ernst ab 79. min	4	4	100	0	0	0
9	Bobic ab 85. min	1	1	100	0	0	0
		403	317	79	77	16	15

Ewig junges Duell: Deutschland gegen Holland geriet zum Schlager, mit einem starken Philipp Lahm (linke Seite) und der Führung durch Torsten Frings (unten).

Gesamtbilanz Videoanalyse

Deutschland		Niederlande
1	Tore	1
16	Torschüsse	14
15	begangene Fouls	18
403	Pässe	529
317	zum Mitspieler	412
79	Passbilanz in %	78
53	Zweikampfbilanz	47
47%	Ballbesitz	53%
2	Gelbe Karten	2
0	Rote Karten	0
1	Abseits	0
5	Ecken	7
18	Freistöße	17
0	Strafstöße	0

Stimmen zum Spiel

Rudi Völler: »Vielleicht hat das 1:1 ja auch etwas Gutes, dass bei uns keine Selbstzufriedenheit einkehrt.«

Gerhard Mayer-Vorfelder: »Die Mannschaft hat aufopferungsvoll gekämpft. Mir gibt das Spiel Hoffnung für die zwei weiteren Spiele. Der Maßstab ist gesetzt, der Erwartungshorizont wird jetzt höher. Man kann nach diesem Spiel davon ausgehen, dass wir die Vorrunde überstehen.«

Torsten Frings: »Wir sind wieder hierher gefahren wie die Deppen und haben gegen die großen Holländer ein Super-Spiel gemacht.«

Michael Ballack: »Das war ein guter Anfang. Gegen so einen starken Gegner tun wir uns immer leichter, wenn wir mit einer Spitze spielen und einem kompakten Mittelfeld dahinter. Es ist Grundvoraussetzung, dass alle hier bis ans Limit gehen.«

Fabian Ernst: »Das Tor geht sicherlich auf meine Kappe. Ich kann mich dafür nur bei der Mannschaft entschuldigen. Wir hätten das Spiel gewonnen, wenn der Fehler nicht passiert wäre.«

Christian Wörns: »Das Tor hat er sensationell gut gemacht. Der van Nistelrooy ist ein kompletter Stürmer, immer gefährlich.«

Arne Friedrich: »Es ist ein verdientes, aber dummes Unentschieden.«

Philipp Lahm: »Ich glaube, mit meinem EM-Debüt kann ich zufrieden sein. Wir haben kompakt und konzentriert angefangen, hinten gut gestanden, das hat unser gutes Spiel ausgemacht.«

Ruud van Nistelrooy: »Wir sind glücklich. Eine Niederlage wäre ein Desaster gewesen.«

Dick Advocaat: »Meine Spieler hatten tatsächlich mehr Probleme mit sich als mit den Deutschen. Es war ein gerechtes Resultat.«

Andy van der Meyde: »Wir haben überhaupt nicht holländisch gespielt, immer nur mit langen Bällen.«

Pressestimmen

»Völler musste feststellen, dass die Orange sauer war. Seine Auswechslungen erwiesen sich als fatal.«
CORREIO DA MANHA (PORTUGAL)

»Was auch immer passiert. Die alten Erzfeinde haben sich ein Denkmal gesetzt.
Es war prächtig anzusehen.«
MARCA (SPANIEN)

»Deutschland gegen Niederlande, wie langweilig, van Nistelrooy der einzige Stern. Zufallstreffer für die Deutschen, ein Traumtor des Angreifers der Oranjes.«
LA REPUBBLICA (ITALIEN)

»Deutschland und die Niederlande haben sich gegenseitig neutralisiert und gehen wie gute Freunde auseinander.«
L'ÉQUIPE (FRANKREICH)

»Ruud eilt zur Rettung, als Deutschland die Holländer zum Wackeln bringt.«
DAILY MAIL (ENGLAND)

»Die Deutschen, denen – wie bei den letzten Turnieren üblich geworden – wenig Kredit eingeräumt worden war, sind eben doch wieder zum richtigen Zeitpunkt bereit.«
BASLER ZEITUNG (SCHWEIZ)

»Akrobat van Nistelrooy rettet mit halsbrecherischem Torschuss die ratlosen Niederländer.«
MLADA FRONTA DNES (TSCHECHIEN)

»Ruud van Nistelrooy der rettende Engel. Oranje kann mit seinem lahmen Mittelfeld nicht schnell genug umschalten.«
ALGEMEEN DAGBLAD (NIEDERLANDE)

»80 Minuten lang hatte man das Gefühl, dass Not gegen Elend hier am Werk waren.«
KRONENZEITUNG (ÖSTERREICH)

»Wie schade! Unglückliches 1:1 nach Volldampf-Spiel.«
DIE WELT (DEUTSCHLAND)

»Wir waren doch viel besser. 1:1, dieses dumme Käse-Tor.«
BILD (DEUTSCHLAND)

VORRUNDE Gruppe D

30 000 holländischen Fans im weiten Rund endgültig die Sprache verschlagen, die Blaskapelle schien ohnehin schon nach einer guten Viertelstunde verstimmt.

Erst im zweiten Durchgang nahm die »Elftal« langsam Fahrt auf. Während die deutsche Mannschaft mehr und mehr zurückgedrängt wurde, zeigte Oranje sein Kurzpassspiel. Keeper Oliver Kahn, der bis dahin einen äußerst ruhigen 35. Geburtstag verlebt hatte, musste plötzlich immer öfter eingreifen, auch weil es seinen Vorderleuten nur noch selten gelang, für Entlastungsangriffe zu sorgen. Sich bietende Konterchancen verschenkten die deutschen Offensivkräfte beinahe leichtfertig, der finale Pass in die Spitze hatte fortan Seltenheitswert.

Letztlich hatten zwei Einwechslungen großen Anteil am Ausgang des Spiels. Mit Pierre van Hooijdonk brachte Bondscoach Dick Advocaat einen zweiten kopfballstarken Stürmer, der mit den vielen weiten Bällen etwas anzufangen wusste. Auf deutscher Seite war Fabian Ernst für den erschöpften Torschützen Frings gekommen – und der Bremer, bei der Meisterschaft 2004 die Zuverlässigkeit in Person, beging schließlich den entscheidenden Fehler. Kaum zwei Minuten in der Partie, vertändelte er auf der linken Abwehrseite den Ball, Andy van der Meyde flankte halbhoch Richtung kurzen Pfosten und Ruud van Nistelrooy erzielte rücklings zum deutschen Gehäuse mit einer zirkusreifen Einlage den Ausgleich. Artistisch, unnachahmlich, unhaltbar.

In der Folge drängten die Holländer zwar sogar noch auf den Siegtreffer, aber letztlich wahrten beide Seiten mit dem 1:1 das Gesicht und zugleich die Chancen auf das Erreichen des Viertelfinales. Ein intensiv geführtes, aber dennoch faires Spiel hatte sein gerechtes Ergebnis und Ruud van Nistelrooy durfte nach der Begegnung sein Trikot behalten. Denn Christian Wörns hatte schon vor dem Gipfeltreffen angekündigt: »Wenn er mir auf den Keks geht, gibt's nur einen Handschlag.«

Tor und Chancen: Ruud van Nistelrooy ließ Christian Wörns im Zweikampf keine Chance (linke Seite), Michael Ballack und Kevin Kuranyi vergaben ihre Möglichkeiten.

19. Juni 2004 in Porto
Lettland – Deutschland 0:0

LETTLAND: Kolinko – Isakovs, Zemlinskis, Stepanovs, Blagonadezdins – Lobanovs (70. Laizans) – Bleidelis, Astafjevs, Rubins – Verpakovskis (90./+2 Zirnis), Prohorenkovs (67. Pahars).
DEUTSCHLAND: Kahn – Friedrich, Wörns, Baumann, Lahm – Hamann, Frings – Schneider (46. Schweinsteiger), Ballack – Kuranyi (78. Brdaric), Bobic (67. Klose)
Gelbe Karten: Isakovs, Astafjevs – Friedrich, Hamann, Frings
Schiedsrichter: Riley (England)
Zuschauer: 22 344

Peinlich: Gegen Fußball-Zwerg Lettland gelang den Fredi Bobic (oben), Kevin Kuranyi (großes Bild) und Co. nicht ein einziger Treffer.

Lettland – Deutschland 0:0

Letten plätten – klarer Fall von Denkste

Rudi Völler hat in seiner Karriere als Spieler und Teamchef viel erlebt. Deshalb ist es nie ein gutes Zeichen, wenn »Ruuudi« seine Lockerheit verliert. Äußerst angespannt wirkte Völler vor dem zweiten deutschen Spiel bei dieser EM, vor dem Duell mit dem krassen Außenseiter Lettland. Nichts war bei Völler mehr zu sehen von der Begeisterung, die er vor dem ersten Gruppenspiel gegen Holland (1:1) noch ausgestrahlt hatte. Und er sollte mit seiner schlechten Ahnung Recht behalten.

Die 90 Minuten gegen Lettland wurden nicht das, was sich die nach dem Auftaktspiel euphorischen Fans daheim erhofft hatten. Aus dem »Letten plätten« wurde nichts. Wie ein Plattschuss wirkte das 0:0 nach Spielende oben auf der Anzeigetafel, und während sich Ballack, Frings & Co. unten auf dem Rasen eher ratlos anschauten, verschwand Rudi Völler erkennbar frustriert als Erster in die Kabine.

Ein paar Minuten brauchte der Teamchef nach diesem zweiten Unentschieden im Turnierverlauf, um einen Ansatz zu finden, seine Spieler und auch die Fans wieder aufzurichten. »Das Turnier ist für uns noch nicht beendet«, sprach Völler, »wir haben alles versucht, die Abwehr der Letten zu knacken. Es hat nicht funktioniert. Aber wir können mit einem Sieg gegen die Tschechen aus eigener Hand das Viertelfinale erreichen.«

So weit das Positive. Das Negative war zuvor zu sehen, auf dem Rasen. Nicht ohne Grund wirkte Völler nach dieser Partie so heiser wie selten zuvor in seiner Laufbahn als DFB-Teamchef. »Zu umständlich« hatten sich seine Spieler angestellt bei den immer wieder gestarteten Versuchen, den Ball aussichtsreich vors lettische Tor zu bekommen. Auch Völlers unermüdliche Rufe, »mehr über die Außen« zu spielen, brachten keine Besserung.

Dabei ging die deutsche Mannschaft von der Grundaufstellung offensiver ans Werk als beim Auftakt gegen die Holländer. Fredi Bobic rückte als zweite Sturmspitze neben Kevin Kuranyi ins Team, der angeschlagene Jens Nowotny musste raus, nachdem er wegen Kniebeschwerden zuvor kaum trainieren konnte. Für ihn rückte Frank Baumann aus dem defensiven Mittelfeld in die Abwehr.

Eine Umstellung, die weitere Folgen nach sich zog: So musste sich Michael Ballack, gegen Holland noch

Die deutschen Spieler in der Einzelanalyse

Nr.	Name	Pässe	zum Mitspieler	in %	Ballgewinne	Torschüsse	Fouls
1	Kahn	15	10	67			
3	Friedrich	53	47	89	7	0	1
4	Wörns	48	40	83	18	0	1
6	Baumann	42	38	90	8	1	2
8	Hamann	83	76	92	9	2	1
9	Bobic bis 67. min	19	11	58	1	0	1
10	Kuranyi bis 78. min	23	14	61	5	4	2
13	Ballack	73	62	85	6	5	2
19	Schneider bis 45. min	27	21	78	1	1	2
21	Lahm	66	53	80	7	2	0
22	Frings	62	46	74	9	3	6
7	Schweinsteiger ab 46. min	42	36	86	8	4	0
18	Klose ab 67. min	6	4	67	2	1	1
14	Brdaric ab 78. min	5	3	60	0	0	1
		564	461	82	81	23	20

**VORRUNDE
Gruppe D**

Gesamtbilanz Videoanalyse		
Deutschland		**Lettland**
0	Tore	0
23	Torschüsse	5
20	begangene Fouls	25
564	Pässe	316
471	zum Mitspieler	196
82	Passbilanz %	62
62	Zweikampfbilanz	38
65%	Ballbesitz	35%
3	Gelbe Karten	2
0	Rote Karten	0
3	Abseits	1
7	Ecken	4
26	Freistöße	24
0	Strafstöße	0

eine Art hängende Spitze, ins defensive Mittelfeld zurückfallen lassen und kam gegen die Letten kaum vors gegnerische Tor. Ein Nachteil. Ein weiterer: Bernd Schneider, offensiver postiert, fehlten die Ideen und das Durchsetzungsvermögen; der für ihn in der 46. Minute eingewechselte Bastian Schweinsteiger machte mehr Druck, suchte aber zu oft selbst den Abschluss, statt den Ball laufen zu lassen. Die Letten standen hinten sicher und ließen auch in Kopfballduellen wenig zu. »Taktisch haben sie das sehr gut gemacht«, lobte Kevin Kuranyi, der vor dem Spiel noch davon ausgegangen war, »dass wir gegen die Letten einige Tore schießen«.
Welch Wunschdenken. Die beste deutsche Tormöglichkeit vergab der eingewechselte Miroslav Klose kurz vor Spielende, als er frei vor dem lettischen Tor ins Aus köpfte. So blieb nach dem zweiten Spiel zu notieren, dass Deutschland bei dieser EM noch kein

In der Defensive gebunden: Frank Baumann und Kollegen ließen gegen die Letten trotz optischen Übergewichts einige Chancen zu.

Stimmen zum Spiel

Rudi Völler: »Ich kann der Mannschaft keinen Vorwurf machen. Sie hat alles versucht. Wir haben uns vielleicht ein bisschen umständlich angestellt. Was uns gar nicht gelungen ist, war das Spiel über die Flügel.«

Gerhard Mayer-Vorfelder: »Es wird so lange georgelt, bis die Kirche aus ist. Natürlich sind wir enttäuscht. Nach dem Spiel gegen Holland haben alle, auch ich, mehr erwartet.«

Oliver Kahn: »Wir müssen das Spiel schnell abhaken, dürfen nicht rumklagen und rumjammern. Wir schütteln uns jetzt kurz und konzentrieren uns dann voll auf das Endspiel gegen Tschechien.«

Michael Ballack: »Wir sind enttäuscht, denn wir wollten unbedingt gewinnen. Noch ist nichts verloren. Wir wussten schon vorher, dass das Spiel gegen Tschechien ein Endspiel wird.«

Christian Wörns: »Jetzt müssen wir mal ein Highlight setzen, es reicht nicht immer ein 1:1 oder 0:0, sondern wir müssen jetzt auch mal gegen eine große Mannschaft gewinnen.«

Fredi Bobic: »Wir sind enttäuscht, das ist ganz normal. Wir haben die Letten nicht genug in Verlegenheit gebracht, uns hat die Fantasie gefehlt.«

Aleksandrs Starkovs (Nationaltrainer Lettland): »Das ist ein historischer, ich will fast sagen, Sieg für uns.«

Maris Verpakovskis (lettischer Stürmerstar): »Natürlich ist das ein tolles Ergebnis für uns, aber wir hätten auch gewinnen können. Ich habe die große Chance dazu verpasst.«

Vaira Vike-Freiberga (Lettlands Staatspräsidentin): »Dieses Ergebnis beweist, dass das lettische Team wirklich aus goldenen Burschen besteht. Ich denke, wir haben ein starkes Team und können noch immer ins Viertelfinale kommen.«

Pressestimmen

»Deutschland spielte phantasielos, langsam und im Angriff harmlos. Jetzt wird es schwierig, den frühen EM-K.o. zu vermeiden.«
GAZZETTA DELLO SPORT (ITALIEN)

»Lahm war der Einzige, der dem Vizeweltmeister Ehre macht. Lettland ist die Überraschung der EM.«
CORRIERE DELLO SPORT (ITALIEN)

»Der Schiedsrichter übersah zwei Elfmeter für Lettland. Die Harmlosigkeit der deutschen Stürmer ist nicht zu übertreffen.«
TUTTOSPORT (ITALIEN)

»Deutschland unfähig ein Tor gegen Lettland zu erzielen. Der deutsche Riese konnte die Letten nicht schlucken.«
SPORT (SPANIEN)

»Raub am guten Fußball. Schiedsrichter Riley aus England verhinderte den Sieg Lettlands über Deutschland.«
MARCA (SPANIEN)

»Lettland rebellierte gegen das Imperium. Deutschland war total von der Rolle.«
LA VANGUARDIA (SPANIEN)

»Deutschland fast am Boden. Jetzt muss der Vize-Weltmeister gegen Tschechien gewinnen, aber nicht in dieser Form.«
NEDELNI SVET (TSCHECHIEN)

»0:0 gegen Letten – sind wir noch zu retten?«
BILD AM SONNTAG

VORRUNDE Gruppe D

Stürmer-Tor erzielt hatte. Und das bei einem Turnier, in dem die Stürmer der anderen Nationen trafen wie selten zuvor. »Was sollen wir darüber jammern«, fragte Kapitän Oliver Kahn nach der erneuten Null im deutschen Angriff, »wenn unsere Stürmer nicht knipsen, dann müssen es halt die Mittelfeldspieler tun. Oder ein Verteidiger muss nach einer Standardsituation treffen. Was anderes hilft ja nicht.«

Selbst die Letten erzielten ein Stürmertor, im ersten Spiel gegen Tschechien durch jenen Maris Verpakovskis von Dynamo Kiew, der nun auch der gesamten deutschen Defensive den Schweiß auf die Stirn trieb. Der schnelle Angreifer setzte sich zeitweise gegen fünf Mann durch, scheiterte in der ersten Halbzeit nach einem Solo nur an Oliver Kahn. Glück für Deutschland und Pech für die unerwartet offensiv agierenden Letten: Gleich drei Mal wurde Verpakovskis in diesen 90 Minuten so gefoult, dass sich die deutsche Elf über einen Elfmeter nicht hätte beschweren können. Zwei Mal von Christian Wörns, ein Mal von Baumann. Doch ein Elfmeterpfiff blieb aus.

Aber selbst die Letten mochten sich darüber später nicht aufregen. Sie feierten den ersten EM-Punktgewinn ihrer Geschichte wie einen Sieg und stritten im Kabinentrakt um die deutschen Trikots als Souvenir. »Ich bin glücklich«, jubelte Trainer Aleksandrs Starkovs nach dem Unentschieden, »und ich bin sehr stolz auf meine Mannschaft. Sie wächst von Spiel zu Spiel.«

Das hätte Rudi Völler auch gerne behauptet. Doch vor der entscheidenden dritten Partie gegen Tschechien wusste der Teamchef die Gesamtlage noch nicht so euphorisch einzuschätzen. Zwei Gesichter präsentierte die deutsche Mannschaft bis hierhin. Ein international ansprechendes gegen Holland, ein zittriges gegen die Letten. »Wir haben halt Probleme gegen Mannschaften, die kompakt hinten drin stehen. Uns fehlen dazu die spielerischen Mittel«, sagte Völler, »vielleicht kommen uns deshalb die Tschechen gelegen.«

Da war es wieder, dieses Wort vielleicht. Nach dem Holland-Spiel aus dem Wortschatz der Deutschen verschwunden, nach der Letten-Nullnummer nun wieder in aller Munde. Doch der kleinste Spieler im DFB-Team, Philipp Lahm, formulierte nach der enttäuschenden Partie gegen den EM-Neuling große Worte: »Mit einem Sieg gegen Tschechien erreichen wir das Viertelfinale. Die Tschechen sind sicher eine große Mannschaft – aber sie sind schlagbar.« Tja. Vielleicht.

Jubel in Rot: Die Letten feierten das torlose Unentschieden wie einen Sieg, beim DFB-Team blieb Vieles nur Stückwerk.

Verwechselt: Bondscoach Dick Advocaat (oben) wurde nach der Niederlage gegen Tschechien als Alleinschuldiger ausgemacht.

Niederlande – Tschechien 2:3

Advocaats Feigheit verliert gegen Herz, Emotionen und Moral

Ruud van Nistelrooy stand regungslos an der Strafraumgrenze. Die Hände auf die Knie gestützt, den Kopf Richtung Boden gesenkt. Alleine in Gedanken versunken. Während seine Teamgefährten schon längst in die Kabine geflüchtet waren, schweifte sein leerer Blick hinüber auf die andere Seite des Spielfeldes. Immer wieder. Dorthin, wo sich die Stimmung in der tschechischen Fankurve der Ekstase näherte. Zum x-ten Mal stimmten Pavel Nedved, Tomas Rosicky, Jan Koller und der Rest der Mannschaft mit ihren Anhängern die Welle an.

Fassungslos betrachtete van Nistelrooy das ausgelassene Treiben. Geradezu ohnmächtig, gefangen im eigenen Albtraum. So versteinert, wie der holländische Stürmerstar auf dem Rasen des Stadions in Aveiro verharrte, schien es, als könnte er ihm nicht entfliehen.

Die Niederlande hatten einen scheinbar sicheren Sieg aus der Hand gegeben. Eine 2:0-Führung verspielt, gestolpert beim vielleicht vorentscheidenden Schritt in Richtung Viertelfinale. In einem Spiel, das die Zuschauer begeisterte und fesselte. Rassig, voller Tempo, geprägt von dem Mut zweier Mannschaften, sich der bedingungslosen Offensive hinzugeben. Eine Fußball-Demonstration. An der sich nur die Holländer nicht ergötzen konnten. »Ich fühle mich hundeelend und kaputt. Und ich bin unglaublich wütend«, sprach van Nistelrooy seinen Mannschaftskollegen aus dem Herzen.

Die beste Leistung des »Oranje«-Teams seit Monaten blieb nicht von Erfolg gekrönt. Weil sie von entfesselt aufspielenden Tschechen getoppt wurde. Selbst zwei frühe Gegentore durch Bouma und eben van Nistelrooy warfen das Team von Trainer Karel Brückner nicht aus der Bahn. Im Gegenteil: Sie waren die Initialzündung für ein tschechisches Offensivfeuerwerk, das ganz Fußball-Europa in Verzückung versetzte. »Das war zweifelsfrei das schönste Spiel, das ich je erlebt habe«, sprudelte die Begeisterung aus Tomas Rosicky heraus.

Karel Brückner hatte viel gewagt und alles gewonnen. Kurz nachdem Jan Koller den Anschlusstreffer erzielte, brachte der Trainer mit Vladimir Smicer für Zdenek Grygera den sechsten Offensivspieler, mit Marek Heinz später gar den siebten. Angetrieben vom herausragenden Pavel Nedved entfachten die Tschechen einen Sturmlauf, der mit den sehenswerten Treffern von Baros und Smicer gekrönt wurde. Als einzige Mannschaft im Turnierverlauf standen

---

19. Juni 2004 in Aveiro
Niederlande – Tschechien 2:3 (2:1)

NIEDERLANDE: Van der Sar - Stam, Cocu, Bouma - Heitinga, Seedorf (86. Van der Vaart), Davids, Van Bronckhorst - Van der Meyde (79. Reiziger), Van Nistelrooy, Robben (59. Bosvelt)

TSCHECHIEN: Cech - Grygera (25. Smicer), Jiranek, Ujfalusi, Jankulovski - Poborsky, Rosicky, Galasek (62. Heinz), Nedved - Baros, Koller (75. Rozehnal)

Tore: 1:0 Bouma (4.), 2:0 Van Nistelrooy (19.), 2:1 Koller (23.), 2:2 Baros (70.), 2:3 Smicer (89.)

Gelbe Karten: Seedorf - Galasek

Gelb-Rote Karte: Heitinga (75.)

Schiedsrichter: Mejuto Gonzalez (Portugal)

Zuschauer: 29 935

VORRUNDE Gruppe D

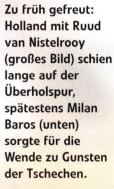

die Tschechen nach zwei Spieltagen mit zwei Siegen bereits als Gruppensieger fest und untermauerten eindrucksvoll ihre Titelambitionen. »Für uns ist alles möglich. Wir können sogar Europameister werden«, formulierte Bundesliga-Legionär Jan Koller die Zielsetzung. Und sein Kollege bei Borussia Dortmund, Tomas Rosicky, erklärte das Erfolgsgeheimnis: »Wir haben Herz, wir haben Moral, wir haben einen unglaublichen Teamgeist. Wer gegen Holland ein 0:2 umdreht, hat eine große Mannschaft.«

Dass die Holländer auf der anderen Seite ihren Teil zum Fußball-Spektakel beitrugen, interessierte im Land des Europameisters von 1988 niemanden. Bei der Analyse für den Einbruch kaprizierte sich alles auf die Suche nach dem Schuldigen. Schnell war der Sündenbock gefunden. Trainer Dick Advocaat. Wieder einmal geriet der Bondscoach in die Schusslinie seiner zahlreichen Kritiker um »König« Johan Cruyff. Dieses Mal wurde Advocaat die Auswechslung von Jung-Star Arjen Robben zum Verhängnis. Der 20 Jahre alte Flügelstürmer der PSV Eindhoven bereitete beide Treffer vor. Advocaat nahm den überragenden Robben nach rund einer Stunde aus dem Spiel und brachte dafür den defensiv orientierten Paul Bosvelt. Für Cruyff und Co. war es das falsche Signal und wahrscheinlich auch der Knackpunkt des Spiels. Mehr noch als der Platzverweis für Heitinga in der furiosen Schlussphase. »Feigheit« warfen die Kritiker Advocaat vor. Vor dem letzten Gruppenspiel gegen Lettland stand Holland vor dem Aus. Und Dick Advocaat mehr denn je vor dem Verlust seines Arbeitsplatzes als Bondscoach.

Zu früh gefreut: Holland mit Ruud van Nistelrooy (großes Bild) schien lange auf der Überholspur, spätestens Milan Baros (unten) sorgte für die Wende zu Gunsten der Tschechen.

Torjäger: Ruud van Nistelrooy (rechts) sorgte für die schnelle Führung, die Abwehr um Jaap Stam (großes Foto) hielt dicht, Roy Makaay kam zu seinem ersten Einsatz und seinem ersten Tor (unten) – und am Ende durften die Holländer jubeln.

Niederlande – Lettland 3:0

Holland feiert – auch das Aus der Deutschen

Es ist so etwas wie die klassische Hassliebe. In diversen Büchern und Aufsätzen haben verschiedene Autoren versucht, Entstehung und Geschichte der traditionellen, nicht mehr »normal« zu nennenden Rivalität zwischen Deutschland und Holland auf dem Gebiet des Fußballs zu beleuchten. Ganz Deutschland freut sich, wenn die holländische »Elftal« verliert, oder, wie 2002, gar nicht erst zu einem großen Turnier wie der Weltmeisterschaft fahren darf; ganz Holland jubelt, wenn die deutsche Nationalmannschaft eins auf die Mütze bekommt oder in einem wichtigen Wettbewerb früh die Segel streicht. Insofern war die Lage mehr als pikant für die Holländer, als sie am 23. Juni zu ihrem letzten Vorrundenspiel gegen Lettland ins Estadio Municipal von Braga einliefen. Die Mannschaft von Bondscoach Dick Advocaat brauchte nach dem Auftakt-Unentschieden gegen Deutschland und der Niederlage gegen Tschechien drei Punkte, klar. Um ins Viertelfinale einziehen zu können, musste sie jedoch gleichzeitig darauf hoffen, dass Erzrivale Deutschland seine letzte Partie gegen eine tschechische B-Elf im rund 350 Kilometer entfernten Lissabon nicht gewinnen würde.

»Es war eine sehr schwierige Situation für uns«, sagte Torjäger Ruud van Nistelrooy später, »denn es ist schon frustrierend, wenn man sein Schicksal nicht mehr in der eigenen Hand hat.« Frag' nach bei Cassano und Co ... Das, was sie selbst tun konnten, die Holländer, das taten sie. Gegen eine lettische Elf, die nach 180 Minuten leidenschaftlich geführter Abwehrschlacht in den Spielen gegen Tschechien und Deutschland vom Anpfiff an müde, geistig und körperlich ausgelaugt wirkte, schoss van Nistelrooy bereits bis zur 35. Minute einen 2:0-Vorsprung heraus. Zunächst verwandelte »Van the man« einen äußerst zweifelhaften, einer Da-

VORRUNDE Gruppe D

vids-Schwalbe entsprungenen Foulelfmeter, dann staubte der 28-Jährige, zuvor im Abseits stehend, nach einer Cocu-Vorlage per Kopf zum 2:0 ab. Und so verlagerte sich das Interesse der 20 000 Holländer im Stadion mehr und mehr auf das gleichzeitig ausgetragene Spiel in Lissabon. Mit dem Transistorradio am Ohr stöhnten die Oranjes auf, als Michael Ballack die deutsche Elf zwischenzeitlich ins Viertelfinale schoss, beklatschten sie das Ausgleichstor durch Marek Heinz, feierten sie die Falschmeldung eines tschechischen Führungstreffers noch vor der Pause und brachen sie in grenzenlosen Jubel aus, als die Tschechen in der zweiten Halbzeit wirklich in Führung gingen. Das eigene Tor zum 3:0-Endstand, das der erstmals bei dieser EM eingewechselte Bayern-Torjäger Roy Makaay in der 84. Minute erzielte, wurde nur noch am Rande registriert. Schlusspfiff in Braga, und alle wussten Bescheid. Völlig losgelöst tollten die holländischen Spieler auf dem Rasen herum, von den Rängen erklang immer wieder ein 20 000-faches, orkanartiges »Schade, Deutschland, alles ist vorbei«. Wo der umstrittene Trainer Dick Advocaat nüchtern erklärte, es sei »ein schönes Gefühl, sich in dieser Gruppe durchgesetzt zu haben«, da schwelgten seine Spieler in Glückseligkeit. »Unglaublich« fand etwa van Nistelrooy den Ausgang dieses dramatischen Abends, »es ist einfach fantastisch«. Na klar, vor allem, weil ausgerechnet Deutschland daran glauben musste, stimmt's? »Nein«, entgegnete Phillip Cocu, »es ist nicht wichtig, dass Deutschland ausgeschieden ist, sondern allein, dass wir weiter sind.«

Holland also unter den letzten Acht. Die Letten, die angesichts des Ergebnisses von Lissabon bei einem Sieg in Braga selbst den Sprung ins Viertelfinale geschafft hätten, fuhren erhobenen Hauptes nach Hause. Die ganz große Sensation verpasst, in der Heimat als Helden gefeiert. »Wir haben uns hier in Portugal ständig selbst überrascht«, meinte Kapitän Vitalis Astafjevs, »und unser Land würdig vertreten.« In der Tat. Die EURO 2004 war das erste große Turnier für eine lettische Fußball-Nationalmannschaft, sicher aber nicht das letzte.

23. Juni 2004 in Braga
Niederlande – Lettland 3:0 (2:0)

NIEDERLANDE: Van der Sar – Reiziger, Stam, De Boer, Van Bronckhorst – Cocu – Seedorf, Davids (77. Sneijder) – Van der Meyde (63. Overmars), Van Nistelrooy (70. Makaay), Robben
LETTLAND: Kolinko – Isakovs, Zemlinskis, Stepanovs, Blagonadezdins – Bleidelis (83. Stolcers), Astafjevs, Lobanovs, Rubins – Verpakovskis (62. Pahars), Prohorenkovs (74. Laizans)
Tore: 1:0 Van Nistelrooy (27., Foulelfmeter), 2:0 Van Nistelrooy (32.), 3:0 Makaay (84.)
Gelbe Karte: Lobanovs
Schiedsrichter: Nielsen (Dänemark)
Zuschauer: 28 500

23. Juni 2004 in Lissabon
Deutschland – Tschechien 1:2 (1:1)

DEUTSCHLAND: Kahn – Friedrich, Nowotny, Wörns, Lahm – Frings (46. Podolski), Hamann (79. Klose) – Schneider, Ballack, Schweinsteiger (86. Jeremies) – Kuranyi
TSCHECHIEN: Blazek – Jiranek, Bolf, Rozehnal, Mares – Galasek (46. Hübschmann), Tyce – Plasil (70. Poborsky), Heinz, Vachousek – Lokvenc (59. Baros)
Tore: 1:0 Ballack (21.), 1:1 Heinz (30.), 1:2 Baros (77.)
Gelbe Karten: Nowotny, Lahm, Wörns – Tyce
Schiedsrichter: Hauge (Norwegen)
Zuschauer: 46 349

Deutschland – Tschechien 1:2

Nach dem Aus wirft Völler hin

Als das Ausscheiden besiegelt ist, macht sich Rudi Völler auf die große Runde. Per Handschlag bedankt sich der Teamchef auf dem Spielfeld des »Estadio da Luz« bei jedem seiner Spieler, die kurz zuvor mit ihrer 1:2-Niederlage gegen Tschechien das deutsche Licht bei dieser EURO gelöscht hatten. Ein dankender Applaus noch an die mitgereisten Fans des DFB-Teams. Das war's.

Keine sechs Stunden später ist es dann auch offiziell, was viele in den Minuten nach dem Spiel erahnten: Rudi Völler tritt nach vier Jahren als Teamchef von seinem Amt zurück. Der Entschluss des Publikumslieblings war für den Fall eines Scheiterns in Portugal allerdings schon weit vorher gefallen. Das Aus bei der EURO bedeutete auch Völlers Aus als »Rudi Nationale«. Ein »Abgang mit Würde«, wie die französische L'Equipe später attestiert.

Zumindest dabei gab Völler ein stärkeres Bild ab als seine Auswahl. Die hatte gegen Tschechien den Viertelfinaleinzug verspielt. Bei einem Sieg wäre dem DFB-Team Platz zwei und damit das Weiterkommen sicher gewesen. Doch liest sich die jüngste EM-Bilanz der deutschen Nationalelf erschütternd: Seit acht Jahren wartet Deutschland bei einer Europameisterschafts-Endrunde auf einen Sieg. Den bislang letzten gab es 1996 beim 2:1-Finalerfolg durch Oliver Bierhoffs »Golden Goal«. Eben gegen Tschechien. Diesmal stand es am Ende 1:2.

Ein 1:2 ausgerechnet gegen die Tschechen, die bereits vor diesem Spiel als Gruppensieger feststanden. Und sich den Luxus erlaubten, gleich neun Spieler ihrer Stammformation für das Viertelfinale zu schonen. Selbst diese tschechische B-Elf konnten die Ballack, Schneider, Frings und Co nicht besiegen.

Wie beim 1:1 gegen die Niederlande, dem einzigen zufriedenstellenden Auftritt der Adler-Träger, hatte Völler gegen das Team von Karel Brückner auf ein System mit Kevin Kuranyi als einzige Spitze gesetzt. Doch eine Halbzeit lang fehlten dem deutschen Spiel jegliche Impulse. Behäbiger Aufbau. Kein Flügelspiel. Kein Nachrücken und damit keine Unterstützung für die einsame Spitze Kuranyi. Ein Bild komponiert aus mangelndem Engagement und Einfallslosigkeit.

Bezeichnend auch, dass ausgerecht Tschechiens Jaroslav Plasil mit einem leichtfertigen Ballverlust am eigenen Strafraum gegen Bernd Schneider die deutsche Führung in der 21. Minute durch Michael Ballack einleitete, den der junge Bastian Schweinsteiger gut bediente. Doch die Gunst der Führung konnte Deutschland nicht nutzen. Ausgerechnet Marek Heinz, der sowohl beim Hamburger SV als auch bei Arminia Bielefeld in der Bundesliga nie seine Klasse unter Beweis stellte und ein Jahr zuvor als Versager zurück in seine Heimat zu Banik Ostrava abgeschoben worden war, avancierte zum Matchwinner. Erst verwandelte er einen Freistoß per Kunststoß in den Torwinkel. den Siegtreffer 13 Minuten vor Schluss durch den eingewechselten Milan Baros leitete der Fußballkünstler Heinz durch sein Zuspiel ein. Inspirierte Kicker dieser Klasse fehlten dem deutschen Team.

Ende einer Dienstreise: Für Miroslav Klose (kleines Bild)  und Michael Ballack war die EM nach der Niederlage gegen die Tschechen beendet.

Gesamtbilanz Videoanalyse		
Deutschland		**Tschechien**
1	Tore	2
17	Torschüsse	8
18	begangene Fouls	17
633	Pässe	422
505	zum Mitspieler	330
80	Passbilanz %	78
51	Zweikampfbilanz	49
58%	Ballbesitz	42%
3	Gelbe Karten	1
0	Rote Karten	0
5	Abseits	2
10	Ecken	1
24	Freistöße	20
0	Strafstöße	0

VORRUNDE Gruppe D

Dieses hatte zwar nach der Hereinnahme von Lukas Podolski, der den linken Flügel belebte, und der Positionierung Schneiders als rechten Außenspieler taktisch klarere Konturen. Spielerischer Glanz blieb allerdings weiter aus. Immerhin kam die Völler-Elf jetzt zu mehr Chancen. Doch der stark spielende Ballack traf nur den Pfosten (66.), und Schneider (66., 70.) vergab gleich zwei Mal kläglich die Führung. Das »Glück des Tüchtigen« hatten sich die Deutschen in dieser Partie allerdings auch nicht erarbeitet.
So endete der Auftritt gegen Tschechien mit einer erneuten Enttäuschung. Und Völler zog mit seinem Rücktritt die Konsequenzen aus einem Turnier, bei dem das deutsche Team unter den ohnehin nicht allzu hohen Erwartungen blieb – und in dem auch Völler in allen drei Partien entscheidende Fehler beging. Die Einwechslung des defensiven Fabian Ernst für den offensiven Torsten Frings bei einer 1:0-Führung gegen die Niederlande deutete nicht nur Rekord-Nationalspieler Lothar Matthäus als falsches taktisches Signal. Dass Ernst zudem den Ausgleich verschuldete, passte ins Bild.

Nach dem spielerischen Offenbarungseid gegen Lettland hatte die Bild-Zeitung in Bundestrainer und Völler-Assistent Michael Skibbe als »Fehlerflüsterer« den vermeintlichen Schuldigen für viele personelle Fehlentscheidungen ausgemacht. Dass der 44-jährige Völler gegen die geballte lettische Defensive den linken Flügel ohne Linksfüßer Lukas Podolski besetzte, gegen die dichte Deckung

Alleinunterhalter: Stürmer Kevin Kuranyi überzeugte durch Einsatz, blieb aber während der Tage von Portugal fast ohne Unterstützung.

Die deutschen Spieler in der Einzelanalyse

Nr.	Name	Pässe	zum Mitspieler	in %	Ballgewinne	Torschüsse	Fouls
1	Kahn	24	15	63			
3	Friedrich	55	45	82	7	1	1
4	Wörns	63	51	81	16	1	2
5	Nowotny	67	55	82	9	0	4
7	Schweinsteiger bis 86. min	80	63	79	9	1	0
8	Hamann bis 79. min	64	58	91	8	0	1
10	Kuranyi	25	19	76	1	3	1
13	Ballack	70	63	90	5	5	3
19	Schneider	48	34	71	5	4	1
21	Lahm	71	58	82	8	1	3
22	Frings bis 45. min	30	22	73	0	0	2
20	Podolski ab 46. min	17	11	65	0	1	0
18	Klose ab 79. min	4	1	25	0	0	0
16	Jeremies ab 86. min	15	10	67	0	0	0
		633	505	80	68	17	18

Am Boden: Keeper Oliver Kahn (großes Bild) traf noch die wenigste Schuld am deutschen Vorrunden-Aus gegen eine tschechische Mannschaft, bei der die meisten Stars auf der Bank saßen (oben rechts). Marek Heinz (oben links) per Freistoß und Milan Baros (unten) per Solo-Lauf besiegelten Rudi Völlers (rechte Seite) vorzeitiges Dienstende.

ausgerechnet Konterstürmer Thomas Brdaric einwechselte, und den überflüssigen und insdisponierten Dietmar Hamann durchspielen ließ, waren letztlich mitentscheidende Gründe für das Ausscheiden. Der Zeitpunkt seines Rücktritts war taktisch gut gewählt. So richtete sich die Diskussion nicht um die Person des Teamchefs Völler und dessen Fehler, sondern vielmehr auf die Perspektiven des deutschen Teams in Hinblick auf die WM 2006 im eige-

nen Land. Zu der Mannschaft, die in Portugal enttäuschte, gibt es nicht beliebig viele Alternativen. Alte Haudegen wie Jens Nowotny, Fredi Bobic, Jens Jeremies, Dietmar Hamann oder Christian Ziege, die bei der EURO Völlers Erwartungen nicht erfüllten bzw. erst gar nicht die Gelegenheit dazu bekamen, werden der neuen Elf nicht mehr angehören. Die Frage, woher die Treffer kommen sollen, die die deutsche Mannschaft 2006 im eigenen Land erfolgreich abschneiden lassen, war nach der Niederlage gegen Tschechien nicht zu beantworten. Ohne Stürmer-Tor flog das DFB-Team nach Hause. Die Perspektiven erscheinen nicht rosig nach dem erneuten Vorrunden-Aus bei einer EM.

**VORRUNDE
Gruppe D**

Stimmen zum Spiel

Werner Hackmann (DFL): »Ich bin enttäuscht. Ich kann Völlers Rücktritt nachvollziehen, halte ihn aber für falsch.«

Reiner Calmund: »Es war für alle ein Schlag. Er hat die schwierige WM-Qualifikation erfolgreich bestanden und uns zur Vize-Weltmeisterschaft geführt. Rudi ist ein patenter Kerl, der mit beiden Beinen auf der Erde steht.«

Rudi Assauer (Manager Schalke 04): »Das ist eine Katastrophe für den deutschen Fußball. Was wir in der ersten Halbzeit taktisch und kämpferisch gegen die Ersatz-Tschechen geboten haben, war unmöglich. Ich bin stocksauer.«

Dieter Hoeneß (Manager Hertha BSC Berlin): »Völler war ein Sympathieträger, ich bedaure seinen Rücktritt sehr. Er hat einen schweren Job gemacht und hatte gerade zu den jungen Spielern einen guten Draht.«

Thomas Helmer (Ex-Nationalspieler): »Ich bin schon überrascht darüber, dass alles so schnell ging. Aber ich glaube, wenn man die Leistung unserer Mannschaft gesehen hat, ist Völlers Schritt nachvollziehbar. Allerdings ist unser Ausscheiden viel schlimmer. Wir müssen dringend etwas ändern, denn unser Spiel ist zu langsam.«

Otto Rehhagel (Trainer Griechenland): »Manchmal trifft man etwas vorschnell seine Entscheidung, Rudi hätte auch weitermachen können. Jetzt ist emotionale Intelligenz gefragt und keine unüberlegten Schnellschüsse. Man muss jetzt sehen, was auch immer geschieht, die WM 2006 ist in Deutschland. Darauf muss man hinarbeiten, dass das klappt. Es ist schrecklich, dass wir ausgeschieden sind.«

Pressestimmen

»Auf Wiedersehen, Deutschland! Rudi, Rudi, alles ist vorbei. Das Völler-Team hat eine traurige Figur abgegeben.«
De TELEGRAAF (NIEDERLANDE)

»Das Völler-Team erlebt den bittersten Tag seit Jahren. Baros versenkt den ehemaligen Europameister.«
GAZZETTA DELLO SPORT (ITALIEN)

»Deutschland hat nicht an den Erfolg geglaubt. Es ist schade, weil der Umbruch eingeleitet war.«
CORIERE DELLO SPORT (ITALIEN)

»Tödlicher Degenstich. Deutschland abgestürzt. Portugal wird zum Schafott der europäischen Fußball-Millionäre. Diese Mannschaft war unwürdig, das so glorreiche deutsche Trikot zu tragen.«
AS (SPANIEN)

»Deutschland zum Totlachen. Ein tschechisches Reserveteam schickt das Völler-Team nach Hause.«
MARCA (SPANIEN)

»Trauriges Adios für Deutschland. Der Gastgeber der WM 2006 muss eine Menge verbessern, wenn er nicht auch dort einen Absturz erleben will.«
SPORT (SPANIEN)

»Rudi in der Hölle. Nicht mal die unglaubliche Großzügigkeit von Tschechiens Coach Karel Brückner konnte eine Mannschaft retten, die vor zwei Jahren noch im WM-Finale stand.«
THE SUN (ENGLAND)

»Dies ist eine der größten Demütigungen in der Geschichte des deutschen Fußballs.«
THE TIMES (ENGLAND)

»Tschechien feiert ersten Sieg über Deutschland nach 40 Jahren über 90 Minuten und schickt das Sieg von Rudi Völler nach Hause. Tor von Baros brach Deutschland das Genick.«
LIDOVLE NOVINY (TSCHECHIEN)

»Völler räumt den Stuhl. Er hat aus dem Scheitern die Konsequenzen gezogen. Er geht in großer Würde. Doch die Kernfrage bleibt ungelöst: Wer könnte es mit diesen Spielern besser machen?«
L'EQUIPE (FRANKREICH)

»Völler fällt durch sein eigenes Schwert.«
DAILY MAIL (ENGLAND)

Rainer Holzschuh:
»Legionäre sind Erfolgstypen – und die Nationalmannschaft braucht Hilfe der Bundesliga«

Es heißt zwar Europameisterschaft, dieses kontinentale Treffen im Vier-Jahres-Rhythmus. Dennoch liegt das sportliche Niveau auch heute noch erheblich höher als bei den Welt-Turnieren, bei denen China, Jamaika oder Saudi-Arabien Gegner sein können. Was allein schon die Vorrunde in Portugal bewies. Spiele wie Spanien gegen Portugal, Dänemark gegen Schweden, Niederlande gegen Tschechien, von der Dramaturgie her auch Frankreich gegen England spiegeln einen Fußball wider, der von höchstem Niveau geprägt war. Die meisten der 24 Vorrunden-Begegnungen haben Zuschauern in den Stadien wie vor den Millionen TV-Geräten einen fundamentalen Spaß-Faktor bereitet; sie waren geprägt von leidenschaftlichem Engagement, spielerischen Finessen, aber auch packenden Torszenen, geleitet von einer strategisch meist offensiven Ausrichtung der Trainer. Fußball vom Feinsten – das ist das allgemein gültige Fazit der Vorrunde. Ausnahmen bestätigen nur die Regel!

Leidenschaftlich – diese Bezeichnung trifft auf die innere Einstellung der meisten Mannschaften und Spieler zu. Leidenschaftlich hat sich zum Beispiel Außenseiter Griechenland nach vorne gekämpft. Trainer Otto Rehhagel bewies mit fast antiquierter Taktik, dass sich ein Trainer primär von den Spieler-Persönlichkeiten leiten lassen sollte, die ihm zur Verfügung stehen.

Die Griechen stellten die eine positive Überraschung dar, die Skandinavier aus Dänemark und Schweden die zweite. Mit Profis, die kreuz und quer in den europäischen Ligen unter Vertrag stehen, mischten sie Tugenden aller verschiedener Fußball-Philosophien. Analog den Tschechen, die als einzige ihre drei Gruppen-Spiele gewannen und sich damit als souveränste Mannschaft für das Viertelfinale qualifizierten. Ihre nationalen Klubs verkörpern nur Rand-Rollen auf europäischer Ebene. Umso erstaunlicher, wie viele überragende Fußballer diese drei Länder seit Jahrzehnten in die traditionell starken Ligen spülen und wie sehr die Nationalmannschaft von deren Erfahrung profitiert.

Ebenso überraschend, dass drei der vier Länder ausscheiden mussten, die im UEFA-Ranking und damit in der Verteilung der Champions-League-Plätze ganz weit vorne rangieren. Spitzenreiter Spanien sowie Italien und Deutschland belegten in ihrer Gruppe jeweils nur den dritten Platz, der nicht den Weg ins Viertelfinale, sondern zum baldigen Heimflug wies. Und – das sei vorweggenommen – auch der vierte, England, hat die Ehre des Quartetts nicht retten können. Die Super-Ligen dieser vier Top-Nationen stellten das größte Spieler-Kontingent aller 16 beteiligten Länder, was zur naheliegenden Vermutung führt, dass »Legionäre«, die sich ihre Erfahrung im Ausland holen, mehr für ihr Nationalteam

Die Mannschaft der Vorrunde

KOMMENTAR
Vorrunde

einbringen können – oder wollen?! Auch Deutschland griff 1990 bei der siegreichen Weltmeisterschaft in Italien auf einen Kader zurück, der in der Spitze wie in der Breite im Ausland beschäftigt war. Mag Pech das Ausscheiden in einem oder anderen Falle begünstigt haben, mag Italien über den »Zufall« des 2:2 zwischen Dänemark und Schweden erzürnt sein, mag Spanien sich über die Regel des Torverhältnisses ärgern: Alle diese Mannschaften haben es versäumt, sich durch bessere, engagiertere und konstantere Leistungen für die nächste Runde der Europameisterschaft in Portugal zu qualifizieren. Der Liga-Fußball in Italien und Deutschland stagniert ohnehin seit einiger Zeit, die fehlenden Erfolge in den internationalen Wettbewerben werfen ein bezeichnendes Licht auf diesen Zustand. Spaniens Nationalteams fehlt traditionell die Konstanz bei großen Wettbewerben, denn bis auf den Sieg bei der damals noch inoffiziellen EM 1964 und der Final-Teilnahme 1984 haben die Iberer niemals eine auch nur annähernd wichtige Rolle eingenommen.

Rudi Völlers Truppe hat es 2004 ebenso wenig wie unter seinem Vorgänger Erich Ribbeck 2000 verstanden, spielerische, kämpferische wie taktische Dominanz auszustrahlen. Verbessert, wie schon bei der Weltmeisterschaft 2002 in Japan und Südkorea, zeigte sich der Zusammenhalt innerhalb der Mannschaft, diesmal jedoch ohne jeglichen vorzuweisenden Erfolg. Zwei Mal hintereinander bei einer EURO in der Vorrunde auszuscheiden, das ist neu für das Anspruchsdenken des deutschen Fußballs. Erst ein Mal zuvor, 1984 ebenfalls bei einer EM, nach einer Last-minute-Niederlage gegen Spanien, überstand die DFB-Auswahl die Gruppenphase nicht.

DFB-Teamchef Rudi Völler hat sich auch nach der Niederlage gegen die Reserve der Tschechen vor seine Spieler gestellt. Das ehrt ihn. Doch außer Ballack und dem diesmal fehlerfreien Kahn zahlte ihm keiner der arrivierten Stammkräfte das Vertrauen zurück. Im Gegenteil: Was Schneider, Frings, Bobic, Nowotny, Wörns und vor allem Hamann boten, war weit entfernt von internationalem Maßstab. Wenn von 270 gespielten Minuten nur neunzig annähernd zufrieden stellten, davon ganze zwanzig bis dreißig wirklich mit Herz und Emotion angegangen wurden, dann sollten sich diese hochbezahlten Profis wirklich hinterfragen, ob sie ihren Beruf auch mit allerletzter Konsequenz ausüben. Schließlich: Die technischen Fertigkeiten der meisten deutschen Spieler verbreiteten unter Experten Betroffenheit. Erfreulich verlief dagegen das EM-Debüt junger Talente wie Bastian Schweinsteiger und vor allem Philipp Lahm, die ebenso wie der als alleinige Spitze (noch) überforderte Kevin Kuranyi und der zum Schnupper-Lehrgang herangeführte Lukas Podolski ein Faustpfand für die Zukunft sein mögen.

Rudi Völler, selbst in den bitterbösen Minuten nach dem Ausscheiden von den meisten Zuschauern noch gefeiert und damit quasi zum Weitermachen aufgefordert, hat die Konsequenz aus der Misere gezogen und sich Stunden danach zum Rücktritt entschieden. Damit verlässt ein Mann die Verantwortung, der in den vier Jahren seiner Zeit als DFB-Teamchef zwar einige diskussionswürdige personelle wie taktische Entscheidungen traf, der aber geradlinig und damit volkstümlich das bitterste Kapitel der deutschen Nationalmannschaft, die EM 2000, schnell vergessen machte. Jetzt soll sein Nachfolger die Weichen für eine bessere Zukunft stellen, möglichst schon bei der Weltmeisterschaft 2006 im eigenen Land. Weichen, die gestellt werden müssen von den Vereinen und ihren Trainern. Ohne die Hilfe der Bundesliga, das hat die spielerische Stagnation des letzten Jahrzehnts deutlich bewiesen, ist eine Renaissance alter deutscher Fußball-Tugenden kaum zu gewährleisten.

Die Vorrunde in Zahlen

Gruppe A

Portugal – Griechenland		1:2
Spanien – Russland		1:0
Griechenland – Spanien		1:1
Russland – Portugal		0:2
Spanien – Portugal		0:1
Russland – Griechenland		2:1
1. Portugal	3	4:2	6
2. Griechenland	3	4:4	4
3. Spanien	3	2:2	4
4. Russland	3	2:4	3

Gruppe B

Schweiz – Kroatien		0:0
Frankreich – England		2:1
England – Schweiz		3:0
Kroatien – Frankreich		2:2
Schweiz – Frankreich		1:3
Kroatien – England		2:4
1. Frankreich	3	7:4	7
2. England	3	8:4	6
3. Kroatien	3	4:6	2
4. Schweiz	3	1:6	1

Gruppe C

Dänemark – Italien		0:0
Schweden – Bulgarien		5:0
Bulgarien – Dänemark		0:2
Italien – Schweden		1:1
Dänemark – Schweden		2:2
Italien – Bulgarien		2:1
1. Schweden	3	8:3	5
2. Dänemark	3	4:2	5
3. Italien	3	3:2	5
4. Bulgarien	3	1:9	0

Gruppe D

Tschechien – Lettland		2:1
Deutschland – Niederlande		1:1
Lettland – Deutschland		0:0
Niederlande – Tschechien		2:3
Niederlande – Lettland		3:0
Deutschland – Tschechien		1:2
1. Tschechien	3	7:4	9
2. Niederlande	3	6:4	4
3. Deutschland	3	2:3	2
4. Lettland	3	1:5	1

VIERTELFINALE

Portugal – England	n. V. 2:2
	Elfmeterschießen 6:5
Frankreich – Griechenland	0:1
Schweden – Niederlande	n. V. 0:0
	Elfmeterschießen 4:5
Tschechien – Dänemark	3:0

Entscheidung: Während Helder Postiga (kleines Bild), in England aktiv, mit Portugal den Einzug ins Halbfinale feierte, musste David Beckham, Engländer in Spanien, nach verschossenem Elfer nach Hause fahren.

Portugal
England
Schweden
Niederlande
Frankreich
Griechenland
Tschechien
Dänemark

Das Favoritensterben ging weiter. Mit Titelverteidiger Frankreich und Schweden erwischte es gleich zwei Gruppensieger. Die Partie des Gastgebers gegen England ging derweil in die Geschichte ein. Portugal rettete sich im Elfmeterschießen ebenso in die Vorschlussrunde wie Holland gegen Schweden. Griechenland und die Tschechen komplettierten das Halbfinale.

24. Juni 2004 in Lissabon
**Portugal – England
2:2 n.V. (6:5 i. E.,
1:1, 0:1)**

PORTUGAL: Ricardo – Miguel (79. Rui Costa), Ricardo Cavalho, Jorge Andrade, Nuno Valente – Costinha (63. Simao), Maniche – Figo (75. Helder Postiga), Deco, Cristiano Ronaldo – Nuno Gomes
ENGLAND: James – G. Neville, Terry, Campbell, A. Cole – Lampard, Gerrard (81. Hargreaves) – Beckham, Scholes (57. P. Neville) – Owen, Rooney (27. Vassell)
Tore: 0:1 Owen (3.), 1:1 Helder Postiga (83.), 2:1 Rui Costa (110.), 2:2 Lampard (115.)
Elfmeterschießen: Beckham verschießt, 1:0 Deco, 1:1 Owen, 2:1 Simao, 2:2 Lampard, Rui Costa verschießt, 2:3 Terry, 3:3 Cristiano Ronaldo, 3:4 Hargreaves, 4:4 Maniche, 4:5 A. Cole, 5:5 Helder Postiga, Vassell scheitert an Ricardo, 6:5 Ricardo
Gelbe Karten: Costinha, Deco, Ricardo Cavalho – Gerrard, G. Neville, P. Neville
Schiedsrichter: Meier (Schweiz)
Zuschauer: 65 000 (ausverkauft)

Grenzenloser Jubel: Portugals Coach Luis Felipe Scolari feierte mit portugiesischer und brasilianischer Flagge, nachdem Ricardo (großes Bild) den entscheidenden Elfmeter verwandelte.

Portugal – England 2:2 n.V., 6:5 i.E.

Ricardo – Portugals Held ohne Handschuhe

Dieser Donnerstag hatte es wirklich in sich. Morgens der Rücktritt von Rudi Völler, der Fußball-Deutschland irgendwie doch überraschte und fortan den ganzen Tag auf jedem Sender pausenlos über die Mattscheibe flimmerte. Abends kamen Portugiesen und Engländer zusammen, um in Lissabon das erste Viertelfinale auszutragen. Es sollte mehr als ein Fußballspiel werden. Es wurde eine magische Nacht. Es wurde eines der größten, wenn nicht gar das größte Spiel dieser Europameisterschaft. Portugal gegen England, mehr geht nicht. Spannung und Dramatik, Helden und Versager, Tore und Tricks, Begeisterung und Euphorie, alles wurde geboten vor 65 000 ekstatischen Fans im farbenprächtigen Estadio da Luz und 13,4 Millionen Fernsehzuschauern in Deutschland. Wer sich nach diesen 120 Minuten und 14 Elfmetern nicht für Fußball interessiert, dem ist auch nicht mehr zu helfen.

Die Geschichten und Tragödien, die dieses Spiel schrieb, kann man gar nicht alle erzählen. Versuchen wir's trotzdem. Da wäre zunächst einmal Wayne Rooney, der Wunderknabe der »EU-Roo 2004«, der die Briten in der Vorrunde so glücklich gemacht hatte, wie es sonst wohl nur die Aufhebung aller Steuern oder zehn Jahre Freibier in sämtlichen Pubs machen würden. Roonaldo also, die Hoffnung der ganzen Nation. Doch alles kam, wie so oft: anders. Nach einem Laufduell mit Jorge Andrade knickte der 18-Jährige um,

VIERTELFINALE

Wechselbad der Gefühle: Routinier Rui Costa sorgte für die Führung in der Verlängerung (oben), versagte dann beim Elfmeterschießen.

verlor den Schuh und musste nach nicht mal einer halben Stunde ausgewechselt werden. Noch während des Spiels düste er ins Krankenhaus, Diagnose: Mittelfußbruch, mehrere Wochen Pause.
Nicht viel besser ging es Luís Figo, Portugals Fußballhelden. Körperlich hatte er keine Sorgen, aber seine Seele weinte. Auch sein 108. Länderspiel war frühzeitig vorbei, weil Felipe Scolari, dieser eigensinnige, sture Bock aus Brasilien, es so wollte. 0:1 lag Portugal eine Viertelstunde vor Schluss hinten. Michael Owen hatte seinen EURO-Fluch in der dritten Minute beendet und England mit einer artistischen Einlage in Führung gebracht. Wer sonst außer Figo, der Kapitän, der Weltfußballer von 2001, sollte die Gastgeber jetzt noch aus dem Schlamassel ziehen? Ein anderer, entschied Scolari, und wechselte. Eine Unverschämtheit. Majestätsbeleidigung. Figo verschwand wutentbrannt in die Kabine – und ward für den Rest des Abends nicht mehr gesehen.
Was er verpasste, war unglaublich. Unfassbar. Einmalig. Zunächst das 1:1. Durch Helder Postiga. Ausgerechnet Helder Postiga. Der Stürmer, der in England spielt, bei den Tottenham Hotspurs. Der Mann, der für Figo kam. Erst richtete er sich die Haare, dann köpfte er ein. 1:1, sieben Minuten vor Schluss, das Stadion bebte. Verlängerung, weil Schiedsrichter Urs Meier Campbells Tor eine Minute vor dem Ende nicht gab, nachdem Terry Keeper Ricardo behindert hatte. England zürnte, kein Mensch hätte diese Szene auf der Insel abgepfiffen. Meier tat es. Zu Recht. Verlängerung.
Das Drama ging weiter. Portugal machte Druck, so wie die kompletten 90 Minuten zuvor. 35:16 Torschüsse zählten die Statistiker hinterher, 13:9 Ecken, 61 Prozent Ballbesitz. Und das 2:1 durch den eingewechselten Rui Costa, der aus 17 Metern einfach mal draufhielt. Das erste Silver Goal der EM-Historie schien gefallen. Aber dieser magische Abend konnte so einfach nicht zu Ende gehen. Dachte sich auch Frank Lampard, und machte nach einer Beckham-Ecke den erneuten Ausgleich. Elfmeterschießen.
Die Dramatik erreichte ihren Höhepunkt. England begann. Der Kapitän übernahm Verantwortung. David Beckham. Der Galaktische. Der Flankengott. Der Werbestar. Idol einer ganzen Generation. Er schlich zum Elfmeterpunkt, unsicher, ängstlich. Er lief an – und hämmerte das Ding in den Abendhimmel von Lissabon. Was für ein Fehlschuss. Wieder Beckham, wie gegen Frankreich. Verwirrt, ungläu-

97

big, konsterniert schaute er zurück auf den verwüsteten Elfmeterpunkt, den das Gras längst verlassen hatte. Beckham hatte versagt, eine Vorentscheidung schien gefallen. Aber dieser magische Abend konnte so einfach nicht zu Ende gehen. Auch Rui Costa zielte zu hoch, das Elfmeterschießen ging in die Verlängerung. Nun war Darius Vassell dran. Der Mann, der, für Wayne Rooney gekommen, in 93 Minuten mehr gelaufen war als das deutsche Mittelfeld in der gesamten Vorrunde. Das rechte Eck wählte er, Ricardo, der sich mittlerweile seiner Handschuhe entledigt hatte, das linke – und schon hatte der ihn. Jetzt drehte Portugals Keeper völlig durch. Schnappte sich den Ball, schoss selbst. Links unten, hart, platziert, unhaltbar. Um 22:29 Uhr Ortszeit stand Portugal im Halbfinale. Und England? War wieder raus, wieder im Elfmeterschießen. Wie 1990 und '96 gegen Deutschland, wie '98 gegen Argentinien. Vassell heulte hemmungslos, war nicht zu trösten.

Portugal bebte. Zehntausende zogen in Lissabon auf die Straßen, tanzten, sangen, feierten, knutschten, hupten, tranken und zeugten Kinder. Eine Massenorgie in rot und grün. »Phantastisch, wunderbar, das Beste«, jubelte Scolari, über der rechten Schulter eine portugiesische, über der linken eine brasilianische Fahne hängend. Er würde hinschmeißen, wenn Portugal nicht mindestens ins Halbfinale kommt, hatte der Weltmeistercoach von 2002 vor dem Turnier erklärt. Jetzt blieb er, und ließ sich feiern. Anders die Engländer. »So auszuscheiden, tut wahnsinnig weh«, gestand Sven Göran Eriksson, der kühle Schwede, dem dieses Aus sichtlich auf den Magen geschlagen war. Dieser Donnerstag hatte es wirklich in sich. Und das lag bei weitem nicht nur an Rudi Völler.

VIERTELFINALE

Dramaturgie eines unglaublichen Spiels: Wayne Rooney (unten rechts) musste früh verletzt raus. Helder Postiga traf zum 1:1 (linke Seite oben), in der Schlusssekunde wurde Campbells Treffer aberkannt (linke Seite unten). In der Verlängerung erzielte Lampard (Nummer 11) das 2:2, dann versagten Beckham (7) und Vassell (23) die Nerven.

25. Juni 2004 in Lissabon
Frankreich – Griechenland 0:1 (0:0)

FRANKREICH: Barthez – Gallas, Thuram, Silvestre, Lizarazu – Dacourt (72. Wiltord), Makelele – Zidane, Pires (79. Rothen) – Trezeguet (72. Saha), Henry
GRIECHENLAND: Nikopolidis – Seitaridis, Dellas, Kapsis – Basinas (85. Tsiartas), Katsouranis, Fyssas – Zagorakis, Karagounis – Charisteas, Nikolaidis (60. Lakis)
Tor: 0:1 Charisteas (65.)
Gelbe Karten: Zidane, Saha – Zagorakis, Karagounis
Schiedsrichter: Frisk (Schweden)
Zuschauer: 45 390

Ende einer Ära? Favorit Frankreich mit Zinedine Zidane strauchelte bereits im Viertelfinale gegen Griechenland.

Frankreich – Griechenland 0:1

Zidane und Co vom neuen Zeus geschockt

»Die Engländer. Nur nicht Frankreich, die haben die beste Mannschaft dieser EURO.« Also sprach Otto Rehhagel im kicker-Interview auf die Frage nach seinem Wunschgegner im Viertelfinale. Doch er bekam den amtierenden Europameister vorgesetzt. Aber schnell erkannte der Deutsche: »In diesem Spiel haben wir nichts zu verlieren, alles zu gewinnen.« Keiner widersprach. Zagorakis und Co. gegen Zidane und Freunde – die mussten doch wohl Endstation für diese sensationellen Griechen sein, oder?

Outfit und Auftritt der beiden Trainer war irgendwie bezeichnend für die Darbietungen ihrer Teams. Hier – in Trainingshose und sportlichem T-Shirt, das immer noch volle Haar exakt gestutzt –, die nimmermüde 65-jährige Akivkapsel Rehhagel. Dort – im feinen dunkelgrauen Maßanzug, mit verschränkten Armen nahezu unbeweglich –, der skeptisch dreinblickende Jacques Santini.

Die Griechen greifen an. Und wie. Freistoß von links, Katsouranis lenkt den Ball aufs Tor, der landet am Innenpfosten, Barthez fischt ihn in letzter Sekunde von der Linie (15.). Die Franzosen versuchen zu antworten, doch außer einem Kopfball von Henry, der knapp am Kasten von Nikopolidis vorbeistreift (25.), gelingt ihnen nichts. Im Gegenteil. Katsouranis prüft Barthez erneut (27.), und einen Schuss von Fyssas kann der glatzköpfige Keeper gerade noch über die Latte lenken (37.) Und was ist mit den so hoch gehandelten Franzosen? Die kommen einfach nicht in Schwung. In Deutschland reibt man sich verwundert die Augen, flachst: »Stecken da etwa unsere Jungs, die Nowotny, Hamann, Schneider in den blauen Trikots?« Schlechter waren die jedenfalls auch nicht. Das größte Rätsel gibt Zidane auf. Dieser begnadete Fußballer, schleicht, ja holpert über den Rasen. Zidane der Zauberer? Nein. Zidane der Zauderer!

Als Schiedsrichter Anders Frisk zur Pause bittet, dürfen sich die Griechen als klarer Punktsieger fühlen. Rehhagel ist rastlos, rennt in die Kabine. Nach dem Wiederanpfiff drückt der Favorit wenigstens etwas aufs Tempo. Rehhagels Puls steigt. Sein Co-Trainer und Dolmetscher Ioannis Topalidis bekommt jetzt Arbeit, muss immer neue Anweisungen des Chefs lautstark weiterleiten. Dann kommt die 65. Minute: Zagorakis marschiert über den rechten Flügel, überläuft Lizarazu und flankt haargenau auf Charisteas. Der Bremer köpft aus zwölf Metern ins rechte Eck. 1:0 für Griechenland! Rehhagel reckt die Faust zum Himmel. Santini bleibt unbewegt. Seine Augen blicken traurig, ungläubig, als könne das, was sich da abspielt, nicht wahr sein. Die Franzosen sind geschockt. Sie versuchen nach vorne zu spielen.

Santini entscheidet sich für einen Doppelwechsel, bringt Saha und Wiltord für Totalausfall Trezeguet

und Dacourt (72.). Saha sorgt für mehr Schwung. Doch gegen die rustikalen Abwehrrecken Dellas und Kapsis rennen sie immer wieder gegen eine Wand. Nachdem Henry – über weite Strecken von Seitaridis beherrscht – aus elf Metern freistehend

VIERTELFINALE

Goldener Treffer: Angelos Charisteas schockte mit seinem Kopfballtreffer (oben) die »Grande Nation«, Georgios Karagounis jubilierte.

vorbei köpft, spricht aus seiner Mimik und Gestik: »Verdammt! Gegen die schießen wir heute kein Tor!« Nochmal zieht Lizarazu ab. Vorbei.

Abpfiff. Die Griechen stürmen auf Charisteas zu. Der Stürmer, bei Werder Bremen hinter Ailton, Klasnic und Valdez zuletzt nur Stürmer Nummer vier, strahlt überglücklich. Rehhagel läuft mit erhobenen Armen über den Platz. Welch ein Triumph! Und welch eine Tragödie! »Les Bleues« haben ihr blaues Wunder erlebt. Die Ära einer glorreichen Mannschaft, des Weltmeisters von 1998, des Europameisters von 2000, ist völlig unverhofft und jäh zu Ende gegangen. Für Größen der »Goldenen Generation« wie Desailly, Thuram, Pires oder Lizarazu bedeutet dieses Aus wohl das Ende ihrer Nationalmannschaftskarriere. Zidane soll weitermachen. Auch »Zizou« findet keine Erklärung für die desolate Vorstellung. »Wir haben alle nicht die Leistung gebracht, zu der wir fähig sind«, sagt der 32-Jährige, und schiebt ernüchtert nach: »Wir haben hier nicht an einem Strang gezogen.« Es ist das Ende einer bitteren Saison für den dreimaligen Weltfußballer, der schon mit Real Madrid titellos geblieben war. Frankreichs Idol Michel Platini kauert ratlos auf seinem Tribünenplatz. Glanzlos ausgeschieden sind die Seinen, nicht einmal in Schönheit gestorben – was ja noch einigermaßen hinnehmbar gewesen wäre. Nein, sie waren einfach nur schlecht. Bonjour tristesse. Santinis Abschied stand bereits vorher fest. Der 52-jährige frühere Meisterspieler aus St. Etienne wechselt zu den Tottenham Hotspurs. Santini trauert still. Rehhagel genießt seinen Triumph. Er, der sich in Deutschland trotz drei Meistertiteln (zwei Mal mit Bremen, ein Mal mit Kaiserslautern) nicht angemessen gewürdigt sieht, hat es allen gezeigt. Seine Erfolgsformel ist ebenso eingängig wie einfach. »Es kann

Helden: Trainer Otto Rehhagel und Torschütze Angelos Charisteas (großes Bild) wurden hellenischen Göttern gleichgesetzt.

nicht jeder machen, was er will. Jetzt macht nur noch jeder, was er kann.« Und er wird blumig: »Ich habe meine Schatztruhe an Lebenserfahrung für meine Spieler ein wenig geöffnet.«

In Griechenland herrscht derweil Ausnahmezustand. »Die Götter sind wieder auf dem Olymp. Und der neue Zeus heißt Otto«, titelte eine Athener Zeitung überschwänglich. Und Ministerpräsident Kostas Karamanlis gratulierte dem Trainer und seinem Team mit einem Telegramm: »Wir bedanken uns bei Ihnen, weil Sie alle Griechen glücklich gemacht haben.« »Das«, merkt Rehhagel an, »das hätte Österreich auch haben können.« Österreich? Wieso gerade Österreich? Die Aufklärung: Mit dem Fußballverband der Alpenrepublik hatte der neue Gott der Griechen 1992 verhandelt, zu einer Zusammenarbeit war es damals nicht gekommen …

VIERTELFINALE

Jubel in Blau-Weiß: Die Trauer von Frankreichs Keeper Fabien Barthez ging in der Feierlaune der Griechen unter.

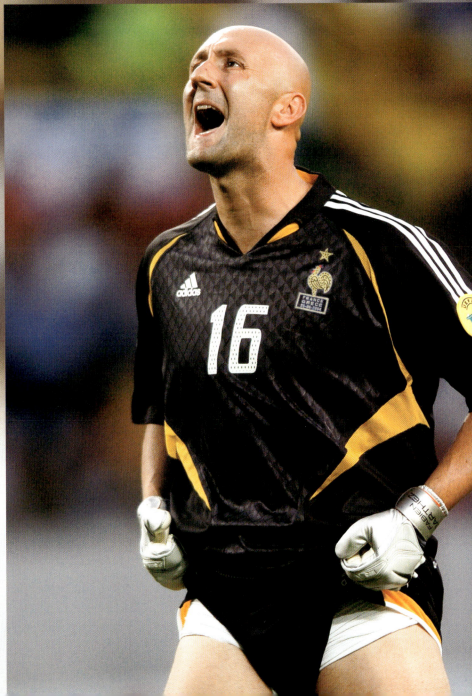

VIERTELFINALE

26. Juni in Faro
Schweden – Niederlande 0:0 n. V. (4:5 i. E.)

SCHWEDEN: Isaksson – Östlund, Mellberg, Jakobsson, Nilsson – Linderoth – Jonson (65. Wilhelmsson), Svensson (81. Källström), Ljungberg – Ibrahimovic, Larsson
NIEDERLANDE: Van der Sar – Reiziger, Stam, de Boer (36. Bouma), van Bronckhorst – Cocu – Seedorf, Davids (61. Heitinga) – van der Meyde (87. Makaay), van Nistelrooy, Robben
Elfmeterschießen: 1:0 Källström, 1:1 van Nistelrooy, 2:1 Larsson, 2:2 Heitinga, Ibrahimovic verschießt, 2:3 Reiziger, 3:3 Ljungberg, Cocu verschießt, 4:4 Wilhelmsson, 4:4 Makaay, Mellberg scheitert an van der Sar, 4:5 Robben
Gelbe Karten: Ibrahimovic, Östlund – van der Meyde, de Boer, Makaay
Schiedsrichter: Michel (Slowakei)
Zuschauer: 30 300

Schweden – Niederlande 0:0, 4:5 n.E.

»Elftal« besiegt den Elfer-Fluch

Das hellblaue Trikot baumelte so weit aus der hellblauen Hose, dass es diese verdeckte. Und die Ärmel des glänzenden, aber viel zu großen Sweaters wölbten sich gar bis über die Fingerkuppen. Nur störte es die holländische Nummer eins nicht im Geringsten. Immer wieder reckte er die rechte Faust in den portugiesischen Nachthimmel, sang, schrie und brüllte, während er den rechten Arm um den Hals des Papas schlang, um nicht die Balance zu verlieren und von den starken Armen herunterzupurzeln. Dann hopste Joe van der Sar aber doch hinab auf den Rasen und lief inmitten einer ekstatischen Menge schweißgebadeter aber glücklicher Männer, die ihm wechselweise über die orange gefärbten Haare strichen oder die linke, mit einer niederländischen Flagge bemalte Wange tätschelten, auf und ab.

Sieben Jahre ist der kleine Joe alt und er ist der Sprössling von Edwin van der Sar, dem holländischen Nationaltorwart. Jenem van der Sar, der nach 120 torlosen Minuten im Elfmeterschießen beim Stand von 4:4 den Strafstoß des schwedischen Kapitäns Olof Mellberg abwehrte und somit Arjen Robben die Möglichkeit eröffnete, die ganz in weiß gekleideten »Oranjes« ins Halbfinale der Europameisterschaft zu befördern. Was dieser auch umgehend tat, mit einem flachen, strammen, platzierten Schuss in die rechte untere Ecke, nachdem er den »Verstand auf Null gestellt hatte«, wie Robben verriet. Anders Isaksson, der schwedische Goalkeeper, war ohne Chance.

Ein Volltreffer. Nur kein gewöhnlicher, vielmehr einer von historischer Dimension, beendete er doch einen nationalen Fluch. Vier Mal haben die Holländer in den letzten zwölf Jahren in einem großen internationalen Turnier ein Elfmeterschießen verloren. 1992 bei der Europameisterschaft in Schweden, im Halbfinale gegen Dänemark. 1996 bei der EM in England, im Viertelfinale gegen Frankreich. 1998

Helden und Versager: Schwedens Zlatan Ibrahimovic (großes Bild), pikanterweise in Holland aktiv, verschoss gegen Edwin van der Sar, der auch gegen Larsson klärte (linke Seite oben) einen Elfmeter, Arjen Robben (linke Seite unten) versenkte den entscheidenden.

Trubel und Trauer: Während die Schweden kollektives Wundenlecken betrieben (oben), feierten die holländischen Stürmerstars Ruud van Nistelrooy (Nummer 10) und Roy Makaay das Weiterkommen.

bei der Weltmeisterschaft in Frankreich, im Halbfinale gegen Brasilien. Und 2000 bei der EURO in Holland und Belgien, im Halbfinale gegen Italien. »Wir sind ja nicht gerade berühmt für unser Elfmeterschießen«, stellte Torjäger Ruud van Nistelrooy süffisant fest.

Wie tief sich dieses Trauma mittlerweile in die Volksseele unseres Nachbarlandes eingebrannt hat, bekam van der Sar vor der EURO in einer Gesprächsrunde im Fernsehen zu spüren. Als er dort nach einem in Holland erschienenen Buch gefragt wurde, in dem der Autor analysiert, wie man Elfmeter schießt oder verhindert, zuckte Hollands unumschränkte Nummer eins mit den Schultern. Er kannte es nicht. Prompt attackierte ihn der Moderator aufs heftigste und warf ihm Unprofessionalität vor. Van der Sar war schockiert. Dass der 1,97-Meter-Hüne nicht gerade als Spezialist in dieser Disziplin gilt, ist noch eine schmeichelhafte Umschreibung. Keinen einzigen Strafstoß hatte der 33-jährige Schlussmann des FC Fulham bei den letzten drei der oben beschriebenen Endrunden parieren können, den letzten

VIERTELFINALE

wirklich wichtigen wehrte er vor neun Jahren ab, 1995 in Tokio, damals noch im Dress von Ajax Amsterdam, das er von 1990 bis 1999 trug. Diese heldenhafte Tat bescherte Ajax den Weltpokal über die brasilianische Combo von Gremio Porto Alegre. Ein Jahr später warf und streckte er sich aber wieder vergebens. Im Endspiel der Champions League unterlag Ajax Juventus Turin (wo er von 1999 bis 2001 das Tor hütete) – nach Elfmeterschießen. Auf Grund dieser unheimlichen Serie hatte Bondscoach Dick Advocaat vor dem Duell mit den Schweden sogar kurzfristig überlegt, van der Sar unmittelbar vor einem Shoot-out durch Westerveld zu ersetzen, »ich habe das aber wieder verworfen«, gestand Advocaat.

Eine kluge Entscheidung, wie sich im Nachhinein herausstellte, denn mit dem Einzug der »Elftal« in die Vorschlussrunde des kontinentalen Championats verstummten alle Diskussionen der letzten Wochen. Vergessen waren plötzlich die schwachen Vorbereitungsspiele vor der EURO; die leidigen Debatten um das beste Spielsystem, 4-4-2 oder 4-3-3; das frostige Verhältnis unter den Angreifern; das angeblich zerstrittene Team; der enttäuschende Auftritt gegen die Deutschen; die unfassbare Auswechslung von Rob-

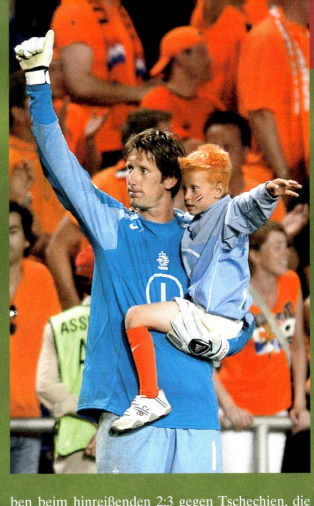

Glücksgefühle: Sohn Joe war einer der ersten Gratulanten von Keeper Edwin van der Sar.

ben beim hinreißenden 2:3 gegen Tschechien, die Advocaat als Akt der Selbstzerstörung ausgelegt wurde; der von der Presse geforderte Rauswurf des Coaches; die magere Ausbeute mit lediglich einem Sieg in vier Begegnungen; der spielerisch dürftige und ideenlose Auftritt gegen tapfere, aber in diesem Spiel biedere Schweden.

Holland steht also im Halbfinale dieser EURO, trifft dort auf Portugal, den Gastgeber, und rechnet sich durchaus Chancen aus, dem einzigen EM-Gewinn 1988 einen zweiten hinzuzufügen. »Wenn man noch weiterkommt, nachdem man eigentlich bereits tot und beerdigt war, gibt das einen ungeheuren Schub«, sagte Pierre van Hooijdonk.

Die Schweden indes fahren nach Hause, ohne ein Spiel verloren zu haben. »Verfluchter Pfosten. So nah dran, so bitter, so schrecklich«, schrieb die schwedische Zeitung Aftonbladet angesichts der beiden Aluminiumtreffer von Fredrik Ljungberg und Henrik Larsson in der Nachspielzeit. Lars Lagerbäck, die eine Hälfte des schwedischen Trainergespannes, witzelte: »Bei der WM sind wir im Achtelfinale nach einem Golden Goal ausgeschieden, dieses Mal nach Elfmeterschießen. Das kann man positiv sehen: wir kommen unserem Ziel näher.« Dabei wird ihn in Zukunft allerdings nicht mehr sein Partner Tommy Söderberg unterstützen, der künftig die schwedische U 21 betreuen wird. Vielleicht trifft er mit seinen Jungs ja mal auf den kleinen Joe, doch das kann noch ein paar Jährchen dauern.

27. Juni 2004 in Porto
Tschechien – Dänemark 3:0 (0:0)

TSCHECHIEN: Cech – Jiranek (39. Grygera), Bolf (65. Rozehnal), Ujfalusi, Jankulovski – Galasek – Poborsky, Rosicky, Nedved – Koller, Baros (71. Heinz)
DÄNEMARK: Sörensen – Helveg, Laursen, Henriksen, Bögelund – Poulsen, Gravesen (71. Madsen) – Grönkjaer (77. Rommedahl), Tomasson, Jörgensen (85. Lövenkrands)
Tore: 1:0 Koller (49.), 2:0 Baros (63.), 3:0 Baros (65.)
Gelbe Karten: Jankulovski, Ujfalusi, Nedved – Poulsen, Bögelund, Gravesen
Schiedsrichter: Ivanov (Russland)
Zuschauer: 35 000

Tschechien – Dänemark 3:0

Sonnyboy Baros mit dem Doppelschlag

Rot und Weiß, so sagt der Volksmund in Dänemark und sang es auf den europäischen Fußballfeldern voller Inbrust, sei das Dynamit in diesem Spiel. Seit Porto, seit dem letzten Viertelfinale der EURO 2004, muss die Far-

Doppelspitze: Jan Koller (unten) und Milan Baros (großes Bild) schossen die Dänen im Alleingang ab.

benlehre unserer nördlichen Nachbarn neu definiert werden. Blau ist an die Stelle der dänischen Nationalfarben gerückt. Ein sattes Blau, so wie die Schuhe des Mannes aus dem Team der ansonsten auch in besagten Rot und Weiß gekleideten Tschechen gestaltet waren. Milan Baros trägt dieses farbenprächtige Schuhwerk, das Akzente in Portugal setzte. Der Stürmer vom FC Liverpool, ganz der Typ Sonnyboy mit seinem dunklem Haarschopf und dem südländischen Aussehen, überstrahlte im Estadio do Dragao alles, setzte einen spektakulären Doppelschlag beim 3:0-Erfolg, mit dem er die Partie nach Kollers Führungstreffer entschied. Treffer Nummer vier und fünf. Baros, einer aus der Garde der jungen Wilden, rückte somit an die Spitze der Torschützenliste – noch vor dem bereits auf die Insel heimgereisten englischen Wunderknaben Wayne Rooney vom Liverpooler Lokalrivalen FC Everton.

Dänemark erlebte also sein blaues Wunder. Zum fünften Mal zog Tschechien, der Vize-Europameister von 1996, in ein Halbfinale der Europameisterschaft ein. »Wir hatten heute genügend Kraft und Energie«, meinte Karel Brückner, das Schlitzohr mit dem schlohweißen Haar, dieser Schwejk des Fußballs in Prag und darum herum. Im Duell der beiden noch ungeschlagenen Mannschaften, die spätestens damit zu Geheimfavoriten des Turniers empor gerückt waren, hatte der schlaue Fuchs eine anders geartete Taktik entworfen als alle Experten vermutet hatten. Eine Sicherheitsstrategie, ganz im Gegensatz zu dem grandiosen Auftritt in der Vorrunde gegen Holland, als Offensive Trumpf war. »Wichtig war«, erläuterte hinterher Tomas Rosicky, »dass wir heute keinen Treffer kassiert haben.«

So übten sich die ganz in Weiß angetretenen »Engel« des Karel Brückner, der natürlich wieder im Gegensatz zum Spaziergang gegen die Deutschen seine A-Elf aufbot, im ersten Abschnitt weitgehend in Passivität. Keine Dynamik, keine Spielkultur, kein Pressing. Dafür Zögern und Zaudern, allenfalls Standfußball, dieser aber auf besserem Niveau. So sorgte neben der gut positionierten Abwehrreihe um den Hamburger Tomas Ujfalusi mit Martin Galasek ein Arbeiter für die Höhepunkte, keineswegs also ein Zauberer wie Tomas Rosicky und auch nicht ein Künstler wie Pavel Nedved, der seine Ausnahmestellung lange nicht unterstreichen

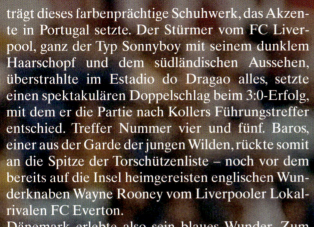

VIERTELFINALE

Trauriges Ende: Trainer Morten Olsen musste mit seinen Dänen nach der letztlich klaren Niederlage die Koffer packen.

Gravesen und vom Schalker Christian Poulsen gesteuert, leichte Feldvorteile.

In der »ausgeglichenen Partie«, wie sie Griechenlands Coach Otto Rehhagel als Tribünengast einordnete, entschied letztlich eine

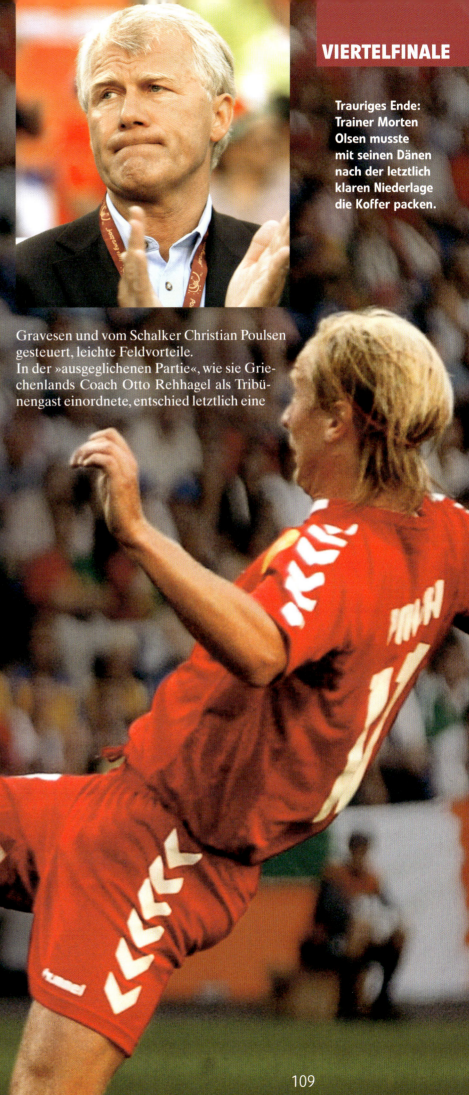

konnte. Anders die Dänen, die mehr fürs Spiel taten. Kombinationssicher, mit hoher Laufbereitschaft, mit guter Spielaufteilung im einstudierten und perfekt beherrschten 4-3-3-System, erwarben sich die Skandinavier, vom Ex-Hamburger Thomas

Nicht zu stoppen: Milan Baros (oben: gegen Laursen, rechte Seite unten: gegen Sörensen) erzielte zwei Treffer, der Dortmunder Tomas Rosicky (großes Bild) zog im Mittelfeld die Fäden.

Kleinigkeit. Besondere Tragik: Martin Laursen, bis dato der vielleicht beste Abwehrrecke des Turniers, erlaubte sich einen Schrittfehler, der Jan Koller, dem tschechischen Hrubesch der Neuzeit, einen Kopfballtreffer nach Poborskys Ecke gestattete. »Ein ganz wichtiges Tor«, jubilierte der Dortmunder, der zuvor unter dem »ständigen Druck der Dänen« erhebliche Probleme konstatiert hatte. Es war die Vorentscheidung. Auf einmal zerbröselte Dänemarks Kollektiv, verlor die zuvor sattelfeste Viererkette (nur zwei Gegentore in der Vorrunde) jegliche Stabilität. Zwei Mal Baros folgte: Erst mit dem rechten Fuß, dann mit dem linken Fuß, zunächst nach Zuckerpass des genialen Vorbereiters Poborsky, dann nach Zuspiel des zumindest in dieser Szene mit Esprit verblüffenden Nedved.

Jubel um den »blauen Star«, der sich unter dem Beifall der Fans aus der Heimat 20 Minuten vor dem Ende verabschieden durfte und schonen konnte. Routiniert und kaltschnäuzig spulten die Tschechen ihr Pensum herunter, so dass Rosicky nach getaner Arbeit von »einem hart erarbeiteten Sieg« sprach und zugab: »Wir haben nicht unsere optimale Leistung geboten.«

Und die Dänen? Für sie hatte sich Geschichte wiederholt. Wie in Asien bei der WM schieden sie in der

Zwischenrunde aus. Damals 0:3 gegen England als Frankreich-Bezwinger und Gruppenerster. Diesmal 0:3 gegen Tschechien. Und Morten Olsen, jener Perfektionist und Stratege auf der Bank, verstand die Welt nicht mehr, speziell die verkehrte Fußballwelt. »Unheimlich enttäuscht« sei er, sagte der dänische Coach. »Weil wir die eigentlich bessere Mannschaft waren.« Eine Sichtweise, die der neutrale Beobachter nachvollziehen kann. Anders als die große Mannschaft der 80er Jahre unter Sepp Piontek, anders auch als die EM-Titelträger von 1992 unter Richard Möller-Nielsen ist den Nachfahren der Laudrup und Co. der ganz große Wurf nicht vergönnt. Heute, so stöhnte Peter Madsen, Legionär in Bochum, »hat uns ganz einfach das Glück gefehlt«.
So falsch liegt er mit dieser Wertung nicht. Auch wenn der Sieg für die Brückner-Elf nicht ganz unverdient ist, so hat mit Tschechien nicht die bessere Mannschaft, sondern allenfalls die glücklichere und im Endeffekt die erfolgreichere diese Begegnung gewonnen. Ihr Siegeszug geht weiter. Im Halbfinale gegen Rehhagels sensationelle Hellenen gelten sie als haushoher Favorit. Und bei allem Respekt vor den neuen europäischen »Fußball-Göttern« von der Akropolis stellte sich auch ein Kerl wie Jan Koller in Porto hin und verkündete: »Wir wollen ins Finale!«

VIERTELFINALE

Trainerfuchs: Karel Brückner gelang mit Tschechien der Einzug ins Halbfinale.

Rainer Holzschuh: »Stoff für große Literaten«

Elfmeterschießen gehört zu einer Europameisterschaft anscheinend wie die Sonne zum Meer. Wurden 1996 und 2000 insgesamt sechs Begegnungen erst durch die spannendste (und glücklichste) aller Möglichkeiten entschieden, so fielen in Portugal bereits im Viertelfinale zwei Mal die Würfel durch den Shoot-out, der von allen Beteiligten so gehasst wird und dennoch die einzig faire Möglichkeit bleibt, im Fußball eine endgültige Entscheidung zwischen bis dahin gleichwertigen Gegnern zu finden.

Die Portugiesen waren also die ersten, denen der Glücksgott zur Seite stand. Manche Trainer lassen sich ja von Eingebungen leiten, und ob bei Scolari wirklich Hirn oder Bauch den Vorrang bekam, kann letztlich nur er bekunden. Zumindest stand der Glücksgott Pate beim Sieg gegen die Engländer, denn Portugals Volksheld Luis Figo in der entscheidenden Spielphase vom Platz zu nehmen und darauf zu setzen, dass ausgerechnet sein in England beschäftigter Nachfolger Helder Postiga den Ausgleich erzielt, kann nur bedeuten, dass Scolari einen Faustschen Pakt geschlossen hat oder aber im Lotto spielen sollte.

Fakten lassen sich hingegen auch im Millionengeschäft Fußball nicht leugnen. Fakt ist, dass beide portugiesischen Einwechselspieler, neben Helder Postiga hatte auch Mittelfeldstar Rui Costa getroffen, die Tore schossen, um überhaupt das Elfmeterschießen zu erreichen. Lauter Figuren, die Stoff für große Literaten böten: Scolari, der im Falle des Scheiterns wegen solch diskutabler Entscheidungen Portugal bei Nacht und Nebel wohl hätte heimlich verlassen müssen, dem bei weiterem Erfolgsverlauf nun sogar Herbergersche Genie-Streiche attestiert werden können; Figo, der sich im Ränkespiel zwischen Taktik und Personen als Bauernopfer fühlen wird; und schließlich der neue Liebling aller Portugiesen, Torwart Ricardo, der ohne die Zuhilfenahme seiner für überflüssig befundenen Handschuhe erst den vorentscheidenden Elfer hielt und dann den allerletzten – ein immer spannendes Ritual, wenn Keeper auf Keeper trifft – selber sicher verwandelte.

Mit England verabschiedete sich somit das letzte Land der »Großen Vier« aus Europas Ligen. Eine Mannschaft, die zeitweise guten Fußball bot, aber in den entscheidenden Situationen nicht konzentriert genug wirkte. Während der 18-jährige Wayne Rooney, leider auf Monate hinaus mit einem Mittelfußbruch verletzt, mit seinem unkomplizierten Drang aufs gegnerische Tor als Hoffnungsträger für die Zukunft gilt, lebt David Beckham mehr von seinem Ruhm als Showstar denn von seinem Ruf als überragender Fußballer. Der verschossene Elfer, Anfang vom englischen Ende in und gegen Portugal, warf ein bezeichnendes Licht auf seine momentane Verfassung.

Die Mannschaft des Viertelfinals

KOMMENTAR
Viertelfinale

Erfolg: Portugals Stürmer Nuno Gomes blieb zwar gegen England ohne eigenen Treffer, zog mit seinem Team dennoch in die Vorschlussrunde ein.

Besaß das Portugal-Spiel noch dank des Offensiv-Geistes beider Teams hohe Qualität, so fielen die drei anderen Begegnungen von der Klasse her stark ab. Lediglich die Verlängerung führte zwischen Holland und Schweden aus einer spielerischen Magerkost heraus, und auch das Elfmeterschießen bot wiederum Jubel und Tragik: Wer einen Elfer verschießt, ist immer der »Volkstrottel«, wer ihn hält, noch dazu den allerletzten, entscheidenden, der neue »Fußball-Gott«. Van der Sar, Hollands Torwart-Riese, machte sich durch taktische Mätzchen zum Buhmann beim Gegner und Helden im eigenen Land, denn Ibrahimovic und Mellberg fielen auf diese nicht geahndeten Tricks herein. Holland hatte somit im Gegensatz zu England sein Elfmeter-Trauma überwunden.

Helden fanden auch die beiden restlichen Begegnungen: Vor allem der erst 22-jährige Milan Baros entwickelte sich zum umjubelten Torjäger. Der tschechische Profi des FC Liverpool wandelt mit insgesamt fünf Turnier-Treffern bereits nach dem Viertelfinale auf den Spuren von EM-Torschützenkönig Michel Platini, der 1984 neun Mal traf. Baros' Doppelpack gegen Dänemark stellte die Weichen sicher auf Halbfinale.

Die griechische Mythologie baut auf Verehrung von Göttern und Helden. Neben Otto Rehhagel, der schon jetzt im griechischen Fußballvolk als unsterblich gelten darf, schrieb Angelos Charisteas, der sich bei Werder Bremen meist nur Druckstellen auf der Reservebank holt, Geschichte mit seinem »goldenen Tor« gegen Titelverteidiger Frankreich. Dass die Franzosen nach der Weltmeisterschaft 2002 erneut vorzeitig scheiterten, lag an einem dualen System: sich mental vom Ruf als weltbeste Kombinations-Maschine des Fußballs einlullen zu lassen und damit ein gewisses Phlegma anzuzeigen; und schließlich an bewunderndem Staunen aller Mit-Spieler für ihren großen Zauberer Zinedine Zidane, anstatt ihm kämpferisch und läuferisch zur Seite zu stehen. Eine Erfolgs-Ära scheint dem Ende zuzusteuern. Eine Ära, die für traumhaft schönen Fußball stand.

Das Viertelfinale in Zahlen

Portugal – England	n.V. 2:2, Elfmeterschießen 6:5
Frankreich – Griechenland	0:1
Schweden – Niederlande	n.V. 0:0, Elfmeterschießen 4:5
Tschechien – Dänemark	3:0

Misserfolg: Frankreichs Keeper Fabien Barthez bot zwar gegen Griechenland eine ordentliche Leistung, unterlag mit seinem Team jedoch gegen die Überraschungself von Otto Rehhagel.

HALBFINALE

Portugal
Niederlande
Griechenland
Tschechien

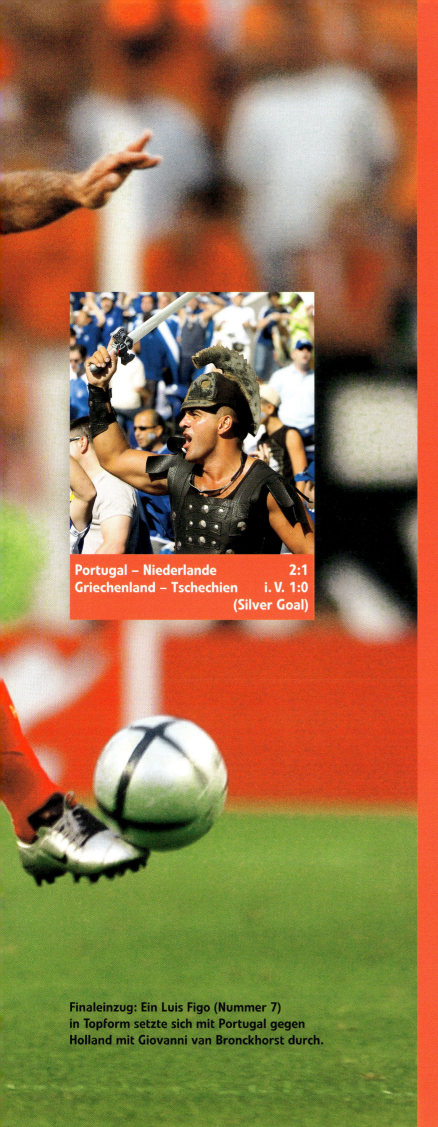

Portugal – Niederlande 2:1
Griechenland – Tschechien i. V. 1:0
(Silver Goal)

Finaleinzug: Ein Luis Figo (Nummer 7) in Topform setzte sich mit Portugal gegen Holland mit Giovanni van Bronckhorst durch.

Premieren bei einer EURO: Zum ersten Mal setzten sich mit Portugal und Griechenland zwei Teams durch, die bereits im Eröffnungsspiel aufeinander getroffen waren. Tschechien schied nach dem ersten »Silver Goal« gegen die Mannschaft von Otto Rehhagel aus, die Niederlande gegen die Gastgeber mit einem wieder erstarkten Luis Figo.

Erfolgstypen: Griechenlands Trainer Otto Rehhagel herzte den eingewechselten Vassilios Tsiartas, Traianos Dellas (von Torhüter Cech verdeckt) erzielte per Kopf mit seinem goldenen Treffer das »Silver Goal«.

Völlig losgelöst: Otto Rehhagel und die griechischen Fans konnten ihr Glück kaum fassen. Seitaridis (links unten, Nummer 2) ließ im Halbfinale Milan Baros nicht zur Entfaltung kommen.

Forca Portugal: Die Anhänger der Gastgeber machten auch das Halbfinale zu einem unvergesslichen Fest.

Und dann die Hände zum Himmel: Torhüter Ricardo und Trainer Luis Felipe Scolari (unten Mitte) lebten nach dem Sieg ihre Freude aus.

30. Juni 2004 in Lissabon
Portugal – Niederlande 2:1 (1:0)

PORTUGAL: Ricardo – Miguel, Ricardo Carvalho, Jorge Andrade, Nuno Valente – Costinha – Maniche (88. Couto) – Figo, Deco, Cristiano Ronaldo (68. Petit) – Pauleta (75. Nuno Gomes).
NIEDERLANDE: Van der Sar – Reiziger, Stam, Bouma (56. van der Vaart), van Bronckhorst – Cocu – Seedorf, Davids – Overmars (46. Makaay, van Nistelrooy, Robben (81. van Hooijdonk).
Tore: 1:0 Cristiano Ronaldo (26.), 2:0 Maniche (58.), 2:1 Jorge Andrade (62., Eigentor)
Gelbe Karten: Cristiano Ronaldo, Nuno Valente, Figo – Overmars, Robben
Schiedsrichter: Frisk (Schweden)
Zuschauer: 46 679 (ausverkauft)

Mittelfeld-Männer: Luis Figo (Nummer 7) setzte sich im Duell der Strategen klar gegen Clarence Seedorf durch.

Portugal – Niederlande 2:1

Rekordmann Scolari und das Ende des Fado

Tagsüber, in der sommerlichen Hitze der portugiesischen Hauptstadt Lissabon, verlieren sich nur wenige Einheimische auf den großen Plätzen »Marques de Pombal« und »Rossio«, die durch eine lange, abschüssige Allee miteinander verbunden sind. Wenn überhaupt, dann kämpfen sich die furchtlosen Touristen über das Pflaster, mit bleicher Haut, zumeist leicht gerötet, um möglichst schnell eines der zahlreichen Straßencafés anzusteuern. Nachts aber, da ist derzeit alles anders. Besonders in den Nächten, wenn die portugiesische Auswahl wieder einmal ein Stück Fußball-Geschichte geschrieben hat. Dann pulsiert das Leben, werden die restaurierten Altbauten in den Landesfarben angestrahlt, kriegt man kein Bein vor das andere. Wahre Menschenmassen, ob Kleinkind oder Oma, sind unterwegs, der ausländische, neutrale Beobachter mag meinen, der Portugiese an sich sei mit einer Fahne in der Hand und einem Schal um den Hals auf die Welt gekommen. Zwischenzeitlich vorbei ist die Zeit des Fado, jenes volkstümlichen, melancholischen Liedguts, das die Leute in Portugal, die sich häufig selbst unterschätzen, seit dem 19. Jahrhundert so gern haben.

Im EURO-Sommer 2004 ist Ekstase angesagt, ausgelöst von 23 jungen Männern in kurzen Hosen, einem scheinbar grantigen Alten, gewandet in einen blauen Trainingsanzug, der ihnen sagt, wo es lang geht. Luis Felipe Scolari, brasilianischer Weltmeistertrainer von 2002, schickt sich an, mit Portugal ebenfalls zu triumphieren – und für diverse Bestmarken oder Neuerungen zu sorgen. Noch nie stand ein Team mit einem ausländischen Trainer im Finale einer Europa- oder Weltmeisterschaft, Scolari hat's geschafft. Noch nie stand Portugal im Finale einer Europa- oder Weltmeisterschaft, Scolari hat's geschafft.

Ist es schlicht hervorragende Arbeit des 55-Jährigen oder ist der Titel gar vorbestimmt? Nimmt man das Gesetz der Serie, wäre Portugal dran, denn es gewinnt alle 20 Jahre der Gastgeber die EURO: 1964 Spanien, 1984 Frankreich, 2004 ...

Dass die große Chance dazu besteht, ist vor allem einem Spieler zu verdanken. Luis Figo. Im Viertelfinale von Scolari durch die Auswechslung bei eigenem Rückstand gegen die Engländer scheinbar gedemütigt, wartete der Mittelfeldspieler gegen die Holländer mit einer Weltklassevorstellung auf, zumindest in der ersten Halbzeit. Figo rechts, Figo links, Figo mit dem Pfostenschuss, Figo überall. Und nach dem 2:1-Sieg gegen Holland der einzige »Überlebende« der Superstars von Real Madrid.

HALBFINALE

Raul hatte es mit Spanien bereits in der Vorrunde erwischt, David Beckham mit England und Zinedine Zidane mit Titelverteidiger Frankreich schließlich im Viertelfinale. Luis Figo hingegen bewies trotz über 50 absolvierten Pflichtspielen in der abgelaufenen Saison, dass er immer noch zu Topleistungen fähig ist, zeigte seinem Coach, dass er unverzichtbarer Bestandteil des Erfolgsteams zu sein gedenke. Nicht mit dem berühmten Blick zurück im Zorn, sondern mit nur noch einer, der wichtigsten Partie vor Augen. Das Finale, sein definitiv finales Spiel in der grün-roten Kluft, sollte phänomenaler Abschied werden. »Ich lebe in der Gegenwart«, sagte Figo nach dem Halbfinale, kurz nachdem er mit Scolari Glückwünsche austauschte. Reserviert lediglich, aber immerhin. Eine Zweckgemeinschaft, die zu einer Erfolgsgemeinschaft wurde.

Dass es dazu kommen konnte, verdankten die Portugiesen neben Figos Gala-Auftritt einer überragenden Mannschaftsleistung, während sich auf Seiten des Gegners lediglich eine orange Ansammlung von Einzelkönnern präsentierte. Die hochgelobte Offensivabtei-

Führung: Beim wuchtigen Kopfballtreffer von Portugals Jungstar Cristiano Ronaldo kam Michael Reiziger (Nummer 2) zu spät.

Spannung: Nach dem unglücklichen Eigentor von Jorge Andrade (unten) verstärkten die Holländer ihre Bemühungen.

lung um Regisseur Clarence Seedorf, Jungstar Arjen Robben und Goalgetter Ruud van Nistelrooy kamen nur selten zu kreativen Aktionen und blieben so ohne Torerfolg. Dass es zum Schluss der Begegnung dennoch spannend wurde, war lediglich Folge des Eigentores von Jorge Andrade, der ansonsten eine vorzügliche Leistung bot. Somit waren die knapp 50 000 Fans im Estadio Jose Alvalade sowie Millionen an den Bildschirmen Zeuge eines »Spiels, das in die Geschichte eingeht« (Scolari). Hollands Bondscoach Dick Advocaat erkannte die Überlegenheit des Gegners an, gab zu, dass »bei uns die Angst im Spiel war«. Angst in einer Truppe von Superstars, die von Beginn des Turniers an mit Schmähungen aus der Heimat leben musste. Und die besonders Advocaat an die Nieren gingen, der gleich mehrmals von ehemaligen holländischen Fußball-Größen zum vorzeitigen Rücktritt aufgefordert worden war. Die »Elftal« verpasste somit den zweiten Einzug in ein Europameisterschafts-Finale nach 1988. Und Johan Cruyff, Vizeweltmeister 1974 lästerte im niederländischen Fernsehen: »Die Niederlage war das Ergebnis von Fehlern der letzten zwei bis drei Wochen.« Klare Ansage an Advocaat, doch endlich seinen Platz zu räumen.

Auch Luis Felipe Scolari stand im Fokus der inländischen Kritiker, nur widerwillig geduldet, nach der Niederlage im Eröffnungsspiel gegen Otto Rehhagels Griechen am liebsten gleich wieder aus dem Land gejagt. Nun aber wurde Scolari ein portugiesischer Held, und, wie das (Erfolgs-)Leben so spielt, verlängerte seinen Vertrag bis zur Weltmeisterschaft 2006 in Deutschland.

Auf dass sich auch dann »Marques de Pombal« und »Rossio« zu nachtschlafender Zeit in eine grün-rote Party-Meile verwandeln. So wie in den Fado-freien Zeiten des EURO-Sommers 2004 in Lissabon. Nur tagsüber, in der sommerlichen Hitze, wird auch in Portugals Hauptstadt alles wieder so sein wie bisher.

Mit einem Kunstschuss traf Maniche (großes Foto, gegen Cocu), zum 2:0, Hollands Keeper van der Sar war machtlos (oben).

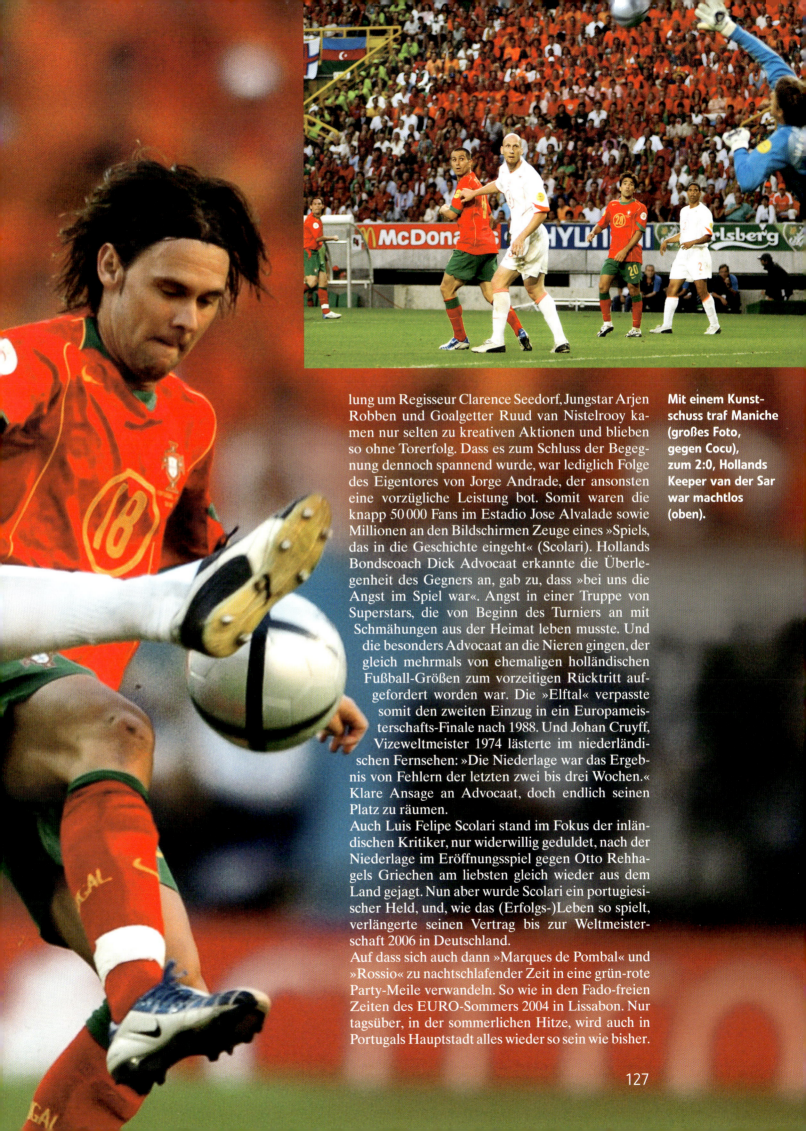

1. Juli 2004 in Porto
**Griechenland – Tschechien 1:0,
Silver Goal (0:0)**

GRIECHENLAND: Nikopolidis – Seitaridis, Dellas, Kapsis – Katsouranis, Basinas (72. Giannakopoulos), Fyssas – Zagorakis, Karagounis – Charisteas, Vryzas (91. Tsiartas)
TSCHECHIEN: Cech – Grygera, Ujfalusi, Bolf, Jankulovski – Galasek – Poborsky, Rosicky, Nedved (40. Smicer) – Koller, Baros
Tor: 1:0 Dellas (105., Silver Goal)
Gelbe Karten: Seitaridis, Charisteas, Karagounis – Galasek, Smicer, Baros
Schiedsrichter: Collina (Italien)
Zuschauer: 48 000

»Silver Goal«: Traianos Dellas wird nach seinem Kopfball zum 1:0 von Theodoris Zagorakis empfangen.

selt, war fortan nur noch Zuschauer, wie seine Nachahmer einige Reihen über ihm. Mit lädiertem rechten Bein, jedoch noch größeren Schmerzen in der Seele musste »Europas Fußballer des Jahres 2003« mit ansehen, wie seine favorisierten Kollegen in der Verlängerung der zweiten Halbfinalpartie gegen Griechenland unterlagen.

Für Nedved bereits die zweite große Partie, in der er seine Klasse nicht wirklich einbringen konnte. Nach

Griechenland – Tschechien 1:0, Silver Goal

Die Tränen des Pavel Nedved

Die Haare lang und scheinbar ungeschnitten, so als ob im modebewussten Norden von Italien und somit auch in der Tschechischen Republik die Friseur-Innung in einen unbefristeten Streik getreten sei, saßen sie auf der Tribüne. In der Optik ganz ihrem Idol Pavel Nedved nacheifernd, fanden sich gleich mehrere Doubles des tschechischen Superstars im Estadio do Dragao zu Porto ein. Sitzend, während ihr Held auf dem grünen Rasen sein Bestes gab. Noch vor der Pause jedoch gesellte sich der Hauptdarsteller, ansonsten in Diensten von Juventus Turin, zu ihnen. Nach einer Verletzung im Zweikampf mit Katsouranis wurde Nedved ausgewech-

HALBFINALE

der Gelb-Sperre im Champions-League-Finale 2003 gegen den AC Mailand war nun in der 40. Minute Schluss, bereits vor der Pause. In sich zusammengesunken auf der tschechischen Bank versteckte er fortan das Gesicht hinter den Handflächen, auf dass die Kameras und Fotografen nicht an seinen Tränen der tiefsten Enttäuschung teilhaben konnten.

Nedved also raus, und schließlich auch Tschechien raus. Und doch in den Geschichtsbüchern der Europameisterschaft mit einem Fakt verewigt, der mehr als nur Randnotiz ist. Da Griechenlands Abwehrchef Traianos Dellas in

Otto, Held der Hellenen: Otto Rehhagel machte sich durch den Finaleinzug bei den Griechen unsterblich.

Knackpunkt eins: Pavel Nedved (oben Mitte) musste bereits in der ersten Hälfte verletzt ausgewechselt werden.

der letzten Minute der ersten Hälfte der Verlängerung traf, Tschechien in den verbleibenden Sekunden nach Wiederanpfiff nicht mehr, entfielen die zweiten 15 Extra-Minuten. Im UEFA-Jargon heißt das kurioserweise »Silver Goal«, warum auch immer – und die Tschechen waren die ersten, die nach einem solchen unterlagen. Bitter. Und ganz bitter, wenn man acht Jahre zurückblickt, auf das EM-Endspiel 1996 im Londoner Wembleystadion. Da traf ein gewisser Oliver Bierhoff für Deutschland, in der Verlängerung, gegen Tschechien, mit dem »Golden Goal«. Das hatte es zuvor auch noch nie gegeben.

Die Nedved, Koller, Rosicky und Co. mögen nun hoffen, dass der europäische Verband in Zukunft auf weitere Edelmetall-Entscheidungen verzichtet, zuzuschreiben haben sie sich das Halbfinal-Aus jedoch selbst. »In der zweiten Halbzeit haben wir gut gespielt, aber die Griechen waren produktiver«, befand Trainer Karel Brückner nach der Partie, wohl wissend, dass sie einen anderen Verlauf genommen hätte, wenn Schiedsrichter Pierluigi Collina nicht das Halten von Dellas an Koller im Strafraum übersehen hätte, auf das zwingend ein Strafstoß hätte folgen müssen. Hat er aber, also ging's weiter mit großen Chancen auf beiden Seiten und einer Entscheidung, die Brückner angesichts der zuletzt gezeigten Leistungen nicht erwarten konnte: »Nach 30 Länderspielen war es das erste Gegentor nach einer Ecke.« Serien sind halt da, damit sie irgendwann zu Ende gehen.

So baute Griechenlands Ministerpräsident Kostas Karamanlis auch schon einmal vor. »In unserem Herzen haben Sie bereits die Europameisterschaft gewonnen«, ließ er per Glückwunschtelegramm an Mannschaft und Trainer verlauten. Jenen Trainer Otto Rehhagel, der mit dem Erfolg der Hellenen alle Skeptiker widerlegte, die ihm eine antiquierte Spielweise vorhielten. Nur, eben diese Taktik verhalf Rehhagel zu seinem bislang größten Triumph, dem Einzug ins Finale der EURO 2004. Nachdem das griechische Team in den bisherigen Begegnungen zumeist nur reagierte und aus einer kompakten Defensive heraus auf Fehler des Gegners wartete, ergriffen die Zagorakis, Charisteas und Co. gegen Tschechien mehr und mehr die Initiative. Weg vom reinen Zerstören, mit der Sicherheit, etwas ganz Großes erreichen zu können. Da wurde selbst Rehhagel mutig, nahm nach gut 70 Minuten seinen bis dato überzeugenden Mittelfeldmann Basinas aus der Partie und brachte für ihn mit Giannakopoulos eine offensivere Kraft. Die Angst vor der eigenen Courage schien gewichen, das Endergebnis gab dem Trainer Recht. »Modern ist, wer gewinnt«, ließ der 65-Jährige allen Kritikern zukommen. Und: »Es entscheiden nun mal die Tore, im Fußball gewinnt nicht immer der Beste.« Immerhin schien die Arbeit so gut zu sein, dass er umgehend als neuer Nationaltrainer der deutschen Auswahl und somit Nachfolger des zurückgetretenen Rudi Völler ins Spiel gebracht wurde.

Erst aber stand Rehhagel vor dem Endspiel gegen Portugal, das schon das Eröffnungsspiel (2:1 für Griechenland) gewesen war. Auch das hatte es bei einer Europameisterschaft noch nie gegeben. Dass die beiden Finalisten von ausländischen Trainern gecoacht wurden, sollte ebenfalls ein Novum bei EM oder WM sein. Seit 1971, als Panathinaikos Athen im Endspiel des Europapokals der Landesmeister mit 0:2 gegen Ajax Amsterdam unterlag, stand zudem erstmals wieder ein griechisches Team in einem europäischen Finale. Doch alle Statistiken und Fakten waren Rehhagel egal. »Wir sind wieder der totale Außenseiter. Aber wie man gesehen hat, ist im Fußball nichts unmöglich«, sagte er. Und hoffte und bangte und zitterte trotz jahrzehntelanger Erfahrung und äußerlich zur Schau gestellter Gelassenheit. In Hamburg hatte ein Wirt derweil sein griechisches Restaurant »Bei Dimitri« in »Rehakles« umbenannt – dass ein Friseur in Turin jetzt einen »Salon Pavel« eröffnet, ist nur ein Gerücht.

Knackpunkt zwei: Schiedsrichter Collina übersah das elfmeterreife Foul von Dellas an Jan Koller (oben), Milan Baros (großes Bild) und die tschechischen Fans waren am Boden zerstört.

Der Ball im Mittelpunkt: Nelly Furtado intonierte bei der Abschlussfeier den EURO-Song »Forca«, übersetzt »Stärke«. Die Portugiesen als Gastgeber und Griechenland als erstmaliger Europameister bewiesen eben diese.

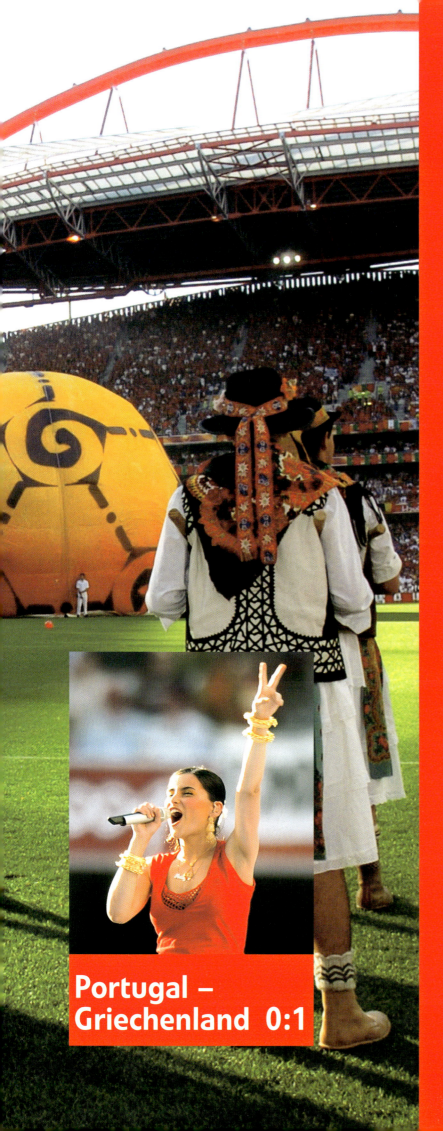

Portugal – Griechenland 0:1

FINALE

Portugal
Griechenland

Das blau-weiße Märchen ging weiter, fand im Estadio da Luz in Lissabon sein Happy End: Der große Außenseiter Griechenland mit seinem deutschen Trainer Otto Rehhagel siegte durch einen Kopfballtreffer des Bremer Bundesligaprofis Angelos Charisteas gegen den Gastgeber mit 1:0. Ein würdiges Ende eines tollen Turniers mit zahlreichen Überraschungen. Trauer hingegen bei Luis Figo, Rui Costa und Co. Die »goldene Generation« Portugals blieb erneut ohne Titel.

Unterzahl: Wo Portugals Mittelfeld-Star Luis Figo auch auftauchte, immer waren mindestens zwei Griechen – hier Kapsis (links) und Zagorakis – da, um ihn zu stoppen.

Glücklos: Deco (Mitte) gegen Theodoros Zagorakis, Konstantinos Katsouranis und Georgios Seitaridis (von links) sah sich zumeist einer griechischen Übermacht gegenüber, konnte nur wenige Akzente setzen.

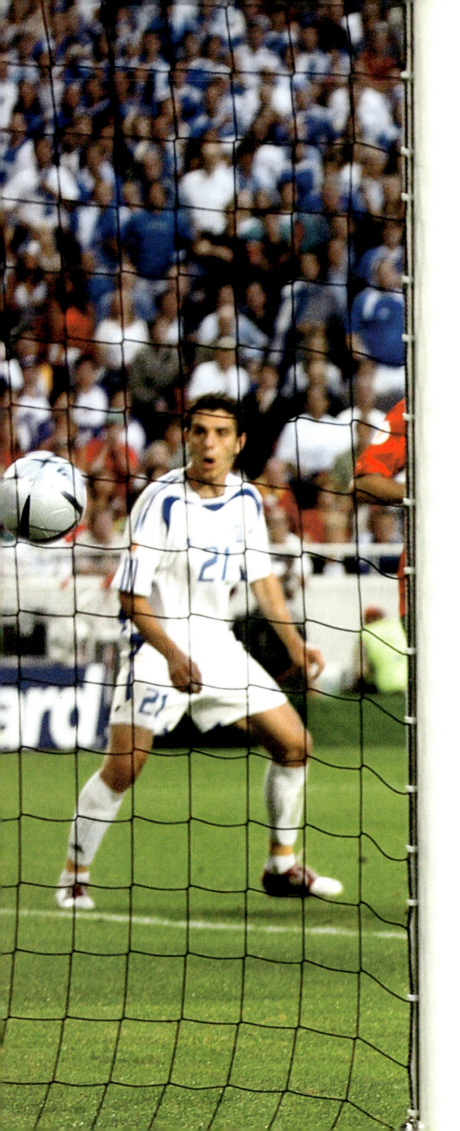

Goldköpfchen: Angelos Charisteas (weißes Trikot, Nummer 9) erzielte nach den Fehlern von Costinha und Torhüter Ricardo den Treffer, der Griechenland zum Europameister machte.

Objekt der Begierde: Der Pokal des Europameisters in Händen der Griechen – nach dem Treffer von Angelos Charisteas (links oben), der die taktische Meisterleistung von Otto Rehhagel (oben rechts, mit Stylianos Giannakopoulos) belohnte.

Pure Begeisterung: Das griechische Team war nach dem Finalsieg gegen Gastgeber Portugal nicht zu bändigen.

Reise-Fieber: Diverse Chartermaschinen hatten kurzfristig über 10 000 hellenische Anhänger nach Portugal gebracht, die das Estadio da Luz in einen blau-weißen Ort der Glückseligkeit verwandelten.

Vor dem Showdown: Portugiesen und Griechen sowie das Schiedsrichter-Gespann um Dr. Markus Merk beim Abspielen der Nationalhymnen in totaler Konzentration vereint.

Portugal – Griechenland 0:1

Die Großtaten des Otto Rehhagel

Er hat einen ungeheuerlichen Löwen erwürgt, der neunköpfigen Wasserschlange Hydra sogar das unsterbliche mittlere Haupt abgeschlagen, die zuvor seit 30 Jahren nicht mehr gesäuberten Stallungen des Augias an einem Tag ausgemistet und in der Unterwelt den Höllenhund Kerberos gefangen. Insgesamt zwölf Heldentaten innerhalb von zwölf Jahren hat Herakles vollbracht.

Er hat die vielfältigen Zwistigkeiten im griechischen Fußball beseitigt, die lähmende Dominanz der Klubs abgeschafft, das Quartier der Nationalmannschaft von der nervenden Invasion der Funktionäre nebst Anhang erlöst und aller Willen zur fruchtbaren Kooperation vereint. Nicht gezählt sind die Großtaten – im kleinen Detail wie in der Vorgabe einer verheißungsvollen Richtung –, die Otto Rehhagel seit Beginn seines Wirkens im August 2001

FINALE

vollbrachte. Aber sie waren von einer sensationellen Effektivität, denn die vom deutschen Trainer angeleitete griechische Landesauswahl geht als Europameister 2004 in die Historie des Fußballs ein.
Im Estadio da Luz hüpfen die kontinentalen Champions, die Arme ineinander verschlungen, noch ihren ausgelassenen Siegertanz, den Nachthimmel über Lissabon durchkreuzen rotgrüne Lichtkegel, Konfettikanonen speien einen weißblauen hellenischen Regen aus, da spricht der Erfolgstrainer große Worte mit leicht heiserer Stimme und angebrach-

4. Juli 2004 in Lissabon
Portugal – Griechenland 0:1

PORTUGAL: Ricardo – Miguel (43. Paulo Ferreira), Ricardo Carvalho, Jorge Andrade, Nuno Valente – Costinha (60. Rui Costa), Maniche – Figo, Deco, Cristiano Ronaldo – Pauleta (74. Nuno Gomes)
GRIECHENLAND: Nikopolidis – Dellas – Seitaridis, Kapsis, Fyssas – Katsouranis – Zagorakis, Basinas – Charisteas, Giannakopoulos (76. Venetidis) – Vryzas (81. Papadopoulos)
Tor: Charisteas (57.)
Gelbe Karten: Costinha, Nuno Valente – Seitaridis, Basinas, Fyssas, Papadopoulos
Schiedsrichter: Merk (Deutschland)
Zuschauer: 64 000 (ausverkauft)

Ohne Durchschlagskraft: Portugals Stürmer Pauleta (kleine Bilder) enttäuschte und blieb im gesamten Turnierverlauf ohne zählbaren Erfolg.

tem Pathos: »Die griechische Mannschaft hat heute Fußballgeschichte geschrieben.«
Es ist der 4. Juli 2004. Auf den Tag genau ein halbes Jahrhundert zuvor hat sich das so genannte »Wunder von Bern« ereignet, der 3:2-Sieg der deutschen Delegation im 1954er Weltmeisterschafts-Endspiel gegen die vermeintlich unschlagbaren Ungarn. Nun werden die völlig überraschenden Vorgänge der voraufgegangenen drei EURO-Wochen, die Rehhagel mit lobpreisendem Bezug auf seine griechische Mannschaft nach durchstandener Vorrunde schon als »Märchen« bezeichnet hatte, zum »Wunder von Lissabon« addiert. Was schon zur EM-Premiere so unglaublich begonnen hatte mit einem 2:1-Sieg der griechischen Außenseiter gegen die Mitfavoriten aus Portugal, fand seine überraschende, gleichwohl logische Abrundung im großen Finale: Die Rehagelianer entschieden auch den zweiten Vergleich mit Figo und Kollegen für sich, 1:0, goldenes Tor durch Angelos Charisteas nach Ricardos bösem Torwartfehler, 57. Minute. Zuvor hatten die Griechen gleich mehrere Großmächte des europäischen Fußballs unbeeindruckt in ihre jeweilige Heimat zurückgesandt: In der Vorrundenstaffel A die Spanier, dank eines dünnen Treffers im Plus; im Viertelfinale den vormaligen Würdenträger aus Frankreich, 1:0; in der Vorschlussrunde das vorher so begeisternde Team aus Tschechien, 1:0 dank des Silver Goals in der 105. Minute der ersten Halbzeit der Verlängerung. Drei Mal bestanden die Griechen die K.o.-Prüfungen mit dem Ergebnis der Minimalisten, nach dem russischen 2:0-Kopfballtreffer durch Bulykin im dritten Gruppenspiel schlossen sie ihr Tor für den noch 358 Minuten währenden Rest des Turniers, die jeweiligen Nachspielzeiten addiert mehr als sechs lange Stunden.

Die Strategie der kontrollierten Offensive, die der Fußball-Lehrer Otto Rehhagel mit dem Bundesliga-Verein Werder Bremen zu zwei deutschen Meisterschaften, zum zweimaligen DFB-Pokalsieg und zum Gewinn des Europapokals der Cupsieger veredelt hat, bestand nun erneut gegen diese portugiesische Offensivwucht, die zuvor in jedem Spiel einen Treffer produziert hatte, acht insgesamt. Doch keinen zusätzlichen mehr im entscheidenden Spiel, in dem es doch so wichtig gewesen wäre. Nun aber tritt die »goldene Generation« der so wundervollen Künstler wie Luis Figo oder Rui Costa ohne Titelwürden ab. Also stammelte ihr Trainer Luis Felipe Scolari, nachdem er den so bitterlich und hemmungslos weinenden, erst 19 Jahre jungen Cristiano Ronaldo getröstet hatte, dass es schon hart sei, so zu verlieren, torlos. Aber die Griechen hätten durchaus »verdient gewonnen«, so der weltmeisterliche Trainer Brasiliens 2002 in seinem zerrissenen Kommentar, »weil sie geschickt verteidigt haben«. Verlierer haben nun einmal die schlechteren Argumente, also durfte Rehhagel dem in diesem Showdown wenig inspirierten, zu spät druckvollen und insgesamt zusammenhanglosen Widersacher die keinesfalls arrogant gemeinte Empfehlung geben, die technische Überlegenheit doch gezielt zu nutzen; so: »Die Tore müssen sie schon selbst schießen.«

Angelos Charisteas, im Berufsleben beim SV Werder Bremen als Stürmer angestellt und in der zurückliegenden innerdeutschen Double-Saison eher Ersatzspieler und deshalb nur vier Mal als Bundesliga-Torschütze notiert, hat diesen Auftrag erfüllt. Die erste Ecke der Seinen dirigierte er mit der Stirn ins Netz, währenddessen Portugals Torhüter Ricardo hilflos durch den

FINALE

Fünfmeterraum tölpelte. »Beim Gegentor war unsere Abwehr nicht ganz aufmerksam«, kritisierte Scolari sanft. Rehhagel hingegen analysierte richtig: »Wir haben auch heute wieder unsere Möglichkeiten ausgespielt« – defensive Disziplin, selbstlosen Einsatz in jedem Zweikampf, aufopferungsvolle Laufbereitschaft und Offensiv-Courage im gefragten Moment. »Ich habe zwar das Tor gemacht«, sagte Charisteas, der nach vollbrachter Kopfarbeit sein Trikot hochgerissen und seinen Assistenten vorgestellt hatte, einen kleinen Jungen namens Dimitris, den Sohn seiner Schwester. Wie diesen Glücksbringer, merkte er an, »kennt man nun die griechischen Spieler in ganz Europa«. Fürwahr.

Diesen wieselflinken Rechtsverteidiger Georgios Seitaridis, diesen humorlosen Manndecker Michalis Kapsis oder den 1,97 Meter langen, großartigen Abwehrchef Traianos Dellas, den sein Chef zum neuzeitlichen »Koloss von Rhodos« adelte. Auch für Charisteas gab es Süßes, Rehhagel erhob den dreimaligen Turnier-Torschützen zu einem der Topstars der EM. Es muss dieser besondere, von ehrlichem Respekt und spürbarem Vertrauen geprägte Umgang mit seinen Mitarbeitern sein, der den gleichwohl distanzierten Trainer Rehhagel immer wieder in solche Erfolgshöhen hievt. »Herr Rehhagel«, sagte der glückliche Charisteas, habe ihm »immer Selbstvertrauen gegeben« und, obwohl der griechischen Sprache nicht mächtig, stets die Gewissheit vermittelt, »dass er zu mir steht«. Herzlichen Dank dafür, Charisteas bringt seinen dritten Titel 2004 mit

Trostpflaster: Youngster Cristiano Ronaldo (großes Bild), der wie Maniche und Rui Costa zwei Mal für Portugal bei der EURO traf, scheint immerhin vor einer großen Zukunft zu stehen.

Kaum zu trösten: Cristiano Ronaldo, hier mit Portugals Legende Eusebio (oben), konnte die Tränen der Enttäuschung nicht zurückhalten.

nach Bremen, wo auch der Fußball-Lehrer Rehhagel ewig währende 14 Jahre die Geschicke in eine gute Richtung gelenkt hatte.

In jenem Stadion des Lichtes, wo nun Gold- und Silberflitter auf den Rasen des griechischen Triumphes hernniederrieselte, hatte dieser Trainer deutscher Prägung schon einmal ein Kapitel in die Ruhmesgeschichte des europäischen Fußballs eingetragen, 1992, 2:0-Sieg mit Werder Bremen gegen AS Monaco im Endspiel der kontinentalen Pokalgewinner. Nun also wieder. Wie seinerzeit, wie jetzt, 65-jährig und angegraut an den Schläfen, wie schon immer nuckelt der Trainer Rehhagel während der 90 Minuten an der Wasserflasche, fuchtelt mit den Armen unkontrolliert durch die Lüfte, dass sie sich zu verknäueln drohen, oder schiebt sich den kleinen Finger der rechten Hand zwischen die Lippen, um die Seinen pfeifend anzuleiten. Mit diesen manchmal arg eigenwilligen Methoden ist es erstmals einem ausländischen Trainer gelungen, diesen europäischen Titel zu gewinnen. Charisteas schaut, als hätte Zeus Blitz und Donner vom Himmel zucken lassen, als er die Geschehnisse zusammenfasst: »Griechenland ist Europameister.« Genau so ist es.

FINALE

Gesamtbilanz Videoanalyse		
Portugal		**Griechenland**
0	Tore	1
21	Torschüsse	5
18	begangene Fouls	19
544	Pässe	364
431	zum Mitspieler	230
79	Passbilanz %	63
55%	Zweikampfbilanz	45%
59%	Ballbesitz	41%
2	Gelbe Karten	4
0	Rote Karten	0
4	Abseits	3
10	Ecken	1
24	Freistöße	23
0	Strafstöße	0

Und wo Herakles schwimmend oder reitend einen rasenden Stier nach Griechenland gebracht hatte, fliegen im Juli 2004 die EURO-Delegierten aus Hellas eine andere Trophäe des Triumphes in ihre Heimat ein, den einst 20 000 Franc teuren, doch weitaus wertvolleren Pokal des Europameisters. Vor allem dank ihres Trainers Rehhagel, den sie im Ursprungsland der Mythen längst in den Olymp aufgenommen und hellenisiert haben: Aus Rehhagel wurde Rehakles. Herakles wäre ein passender Vorname.

Kaum zu halten: Nach dem Abpfiff stürmte Otto Rehhagel (oben Mitte) wie ein Irrwisch auf den Platz. Schiedsrichter Markus Merk (großes Bild) hatte in den 90 Minuten zuvor einen hervorragenden Job gemacht.

Flucht: Während Kapitän Theodoros Zagorakis seinen Mitstreitern den EM-Pokal präsentierte, suchte UEFA-Präsident Lennart Johansson das Weite.

Rainer Holzschuh: »Otto Rehhagel gebührt der größte Respekt«

Die Portugiesen sind ein fröhliches Volk. Doch am Ende einer Europameisterschaft, die sie fast vier Wochen lang nutzten, um sich der Welt im besten Licht zu präsentieren, gefror ihnen das Lachen mehr und mehr. Da hatten sich ihre Stars nach dem verkorksten Auftakt gegen Griechenland von Spiel zu Spiel gesteigert. Und dann mussten sie ausgerechnet beim Höhepunkt »ihrer« EM erkennen, dass ein Außenseiter dieser Sportwelt ihnen Glanz und Gloria raubt.

Griechenland ist Sensationssieger dieser EURO 2004, ein Sieger aus dem Nichts heraus wie zwölf Jahre zuvor Dänemark. Bis vor dem Finale bei vielen neutralen Experten noch als ein ungeliebtes Team eingestuft, weil als unmodern und unästhetisch verschrieen, haben die Griechen mit dieser großartigen Leistung allerdings den letzten Skeptiker voll und ganz überzeugt. Die Griechen spielten den ansehnlicheren, ja technisch und natürlich auch taktisch besseren Fußball. Otto Rehhagel hat es brillant verstanden, aus Individualisten und von Haus aus guten Fußballern ein funktionierendes, ineinandergreifendes Team zu schaffen. Dafür gebührt ihm der höchste Respekt. Gegen Frankreich, Tschechien und gar zwei Mal Portugal zu gewinnen kann nur bedeuten, besonderen Fußball zu pflegen.

Mit dem Sieg der Griechen und dem Verlauf der gesamten Europameisterschaft hat sich ein Trend fortgesetzt, der sich schon bei der WM 2002 abzeichnete und auch im Vereins-Fußball erstaunliche Züge annahm: Die »großen« Teams, die Fußball-Länder alter Prägung, gewinnen zwar finanziell und strukturell von Jahr zu Jahr an Bedeutung. Sportlich jedoch schwindet der Abstand erheblich. Konnten sich bei der WM 2002 mit Brasilien und Deutschland noch zumindest zwei traditionelle Erfolgs-Länder bis ins Finale retten, so stellt das Jahr 2004 alle Erfahrungswerte auf den Kopf.

Heute gibt es kaum Favoriten, alle Nationalspieler in Europa sind körperlich so weit ausgebildet, dass sie problemlos mit jedem Gegner mithalten können. Die Technik jedes einzelnen Spielers sollte bei einem Endturnier kaum erwähnungsbedürftig sein, und fast alle Teilnehmer ließen kaum Mängel erkennen – dass deutsche Profis in der Mehrzahl abfielen, ist ein Armutszeugnis für unseren Fußball schlechthin. Vergleicht man die letzten großen Turniere, fallen zwei Erkenntnisse auf: Schwächer sind die Stürmer geworden. Oder berechenbarer. Die großen Stars wie Henry und Trezeguet, Vieri und van Nistelrooy, Morientes und Koller, Owen und Raul, Prso und Grönkjaer konnten sich kaum durchsetzen; beschämend ist das Bild der deutschen Offensive: Ganze zwei Tore in drei Spielen, kein einziger Angreifer traf.

Auch die bedeutendsten Regisseure, gewohnt die eigenen Reihen zu leiten und zu lenken, müssen ihr

Die ELF der EURO 2004

KOMMENTAR
Finale

Spiel umstellen. Zidane, del Picro, Beckham, Nedved, Seedorf fanden nie zu ihrer Dominanz. Selbst Figo benötigte das Alarmsignal des Auswechselns, um seine Qualitäten, und selbst dann nur vorübergehend, abrufen zu können. Was allerdings beweist, dass körperliche und mentale Überforderung durch eine allzu lange Saison, immer wieder als Begründung für Formkrisen genannt, nicht der entscheidende Grund sein kann. Real Madrid, der Hort aller Superstars, schied in allen relevanten Wettbewerben vorzeitig aus. Der FC Porto dagegen, Heimat und damit Herz der portugiesischen Nationalspieler, stand am längsten unter internationaler Anspannung. Und schickte dennoch ein gutes halbes Dutzend Spieler bis ins EM-Finale. Alle Turniere der Vergangenheit haben immer wieder bewiesen, dass ein gutes Regenerations-Training nach der Klub-Saison die Frische bis zum ersten Spiel völlig wiederherstellt.

Die EURO 2004 hat also einen neuen Titelträger gekürt. Die Dominanz Frankreichs scheint nach zwei enttäuschenden Turnieren Vergangenheit, der neue Nationaltrainer wird kaum umhin können, neue Namen zu präsentieren. Frankreich hat dem Fußball über ein halbes Jahrzehnt Eleganz und Dynamik gleichzeitig verliehen. Es wäre wünschenswert, wenn diese Klasse auch auf potenzielle Nachfolger abfärben könnte.

Die Nationalmannschaft Griechenlands hat zum ersten Mal in der Geschichte des Fußballs einen bedeutenden Titel errungen. Zusammen mit Portugal, das neben dem EM-Finalisten auch den Champions-League-Sieger stellt, haben sich zwei relativ kleine Länder als Europas neue fußballerische Vorbilder dargestellt. Nicht die bevölkerungsstarken Deutschland, England, Frankreich, Italien, Spanien konnten in die Titelvergabe eingreifen. Griechenlands und Portugals Erfolgsteams spielen diszipliniert und dynamisch, technisch brillant und kämpferisch stark zugleich. Attribute, die modernen Fußball entscheidend prägen. Und das, obwohl beide Ligen nur in der obersten Spitze internationalem Standard entsprechen.

Was sollte der deutsche Fußball daraus für Schlüsse ziehen? Mir scheint, dass mehr auf Willenskraft des Einzelnen geachtet werden muss. Technik allein reicht nicht, sie kann man lernen. Doch mir fehlt der Glaube, dass der durchschnittliche deutsche Profi fleißig genug ist, um seine Defizite eigenständig aufzuarbeiten. Viele deutsche Talente haben in den vergangenen Jahren auf sich aufmerksam gemacht. Nur ganz wenige fanden den Durchbruch zur nationalen, gar zur internationalen Spitze. Kehl, Ernst, Schneider, Klose, Baumann, Frings, Kuranyi, Friedrich haben sich kaum weiter entwickelt. Ob die nachrückende Generation von Lahm, der uns alle überzeugt hat, Schweinsteiger, Podolski, demnächst Hitzlsperger, Huth, Volz, Delura, Schulz oder Trochowski ihre Anlagen verantwortungsbewusster einbringen, bleibt abzuwarten.

Portugal hat uns eine schöne und, für den Gastgeber, sehr erfolgreiche Europameisterschaft präsentiert. Wir werden sicherlich auch eine schöne WM 2006 erleben. Hoffentlich für den Gastgeber dann zumindest sportlich ähnlich erfolgreich.

Silber-Blick: Portugals Trainer Luis Felipe Scolari verpasste es, als erster Trainer den WM- und gleich darauf den EM-Titel zu holen.

Das Finale in Zahlen

Portugal – Griechenland   0:1

Ende eines großen Traums: Kapitän Luis Figo und Torhüter Ricardo ließen die Siegerzeremonie teilnahmslos an sich vorüberziehen.

Alle Spiele der Endrunde 2004

Top-Torjäger: Milan Baros traf in jedem Spiel mindestens einmal – nicht aber gegen die Griechen.

Vorrunde

Gruppe A

Portugal – Griechenland		1:2
Spanien – Russland		1:0
Griechenland – Spanien		1:1
Russland – Portugal		0:2
Spanien – Portugal		0:1
Russland – Griechenland		2:1

1. Portugal	3	4:2	6
2. Griechenland	3	4:4	4
3. Spanien	3	2:2	4
4. Russland	3	2:4	0

Gruppe B

Schweiz – Kroatien		0:0
Frankreich – England		2:1
England – Schweiz		3:0
Kroatien – Frankreich		2:2
Schweiz – Frankreich		1:3
Kroatien – England		2:4

1. Frankreich	3	7:4	7
2. England	3	8:4	6
3. Kroatien	3	4:6	2
4. Schweiz	3	1:6	1

Gruppe C

Dänemark – Italien		0:0
Schweden – Bulgarien		5:0
Bulgarien – Dänemark		0:2
Italien – Schweden		1:1
Dänemark – Schweden		2:2
Italien – Bulgarien		2:1

1. Schweden	3	8:3	5
2. Dänemark	3	4:2	5
3. Italien	3	3:2	5
4. Bulgarien	3	1:9	0

Gruppe D

Tschechien – Lettland		2:1
Deutschland – Niederlande		1:1
Lettland – Deutschland		0:0
Niederlande – Tschechien		2:3
Niederlande – Lettland		3:0
Deutschland – Tschechien		1:2

1. Tschechien	3	7:4	9
2. Niederlande	3	6:4	4
3. Deutschland	3	2:3	2
4. Lettland	3	1:5	1

Viertelfinale

Portugal – England	n.V. 2:2, Elfmetersch. 6:5
Frankreich – Griechenland	0:1
Schweden – Niederlande	n.V. 0:0, Elfmetersch. 4:5
Tschechien – Dänemark	3:0

Halbfinale

Portugal – Niederlande	2:1
Griechenland – Tschechien	i. V. 1:0 (Silver Goal)

Finale

Portugal – Griechenland	0:1

Alle Europameister und ihre Endspielgegner

1960: UdSSR
(2:1 n. V. gegen Jugoslawien)

1964: Spanien
(2:1 gegen die UdSSR)

1968: Italien
(1:1 n. V. und 2:0 gegen Jugoslawien)

1972: Deutschland
(3:0 gegen die UdSSR)

1976: Tschechoslowakei
(2:2 n. V. und 5:3 im Elfmeterschießen gegen Deutschland)

1980: Deutschland
(2:1 gegen Belgien)

1984: Frankreich
(2:0 gegen Spanien)

1988: Niederlande
(2:0 gegen die UdSSR)

1992: Dänemark
(2:0 gegen Deutschland)

1996: Deutschland
(2:1 durch Golden Goal gegen Tschechien)

2000: Frankreich
(2:1 durch Golden Goal gegen Italien)

2004: Griechenland
(1:0 gegen Portugal)

Alle Torjäger der Endrunden seit 1960

1960
Ivanov (UdSSR)	2
Ponedjelnik (UdSSR)	2
Galic (Jugoslawien)	2
Jerkovic (Jugoslawien)	2
Heutte (Frankreich)	2

1964
Jesus Pereda (Spanien)	2
Novak (Ungarn)	2

1968
Dzajic (Jugoslawien)	2

1972
Gerd Müller (Deutschland)	4

1976
Dieter Müller (Deutschland)	4

1980
Klaus Allofs (Deutschland)	3

1984
Platini (Frankreich)	9

1988
Van Basten (Niederlande)	5

1992
Larsen (Dänemark)	3
Riedle (Deutschland)	3
Bergkamp (Niederlande)	3
Brolin (Schweden)	3

1996
Shearer (England)	3

2000
Kluivert (Niederlande)	5
Milosevic (Jugoslawien)	5

2004
Baros (Tschechien)	5

Alle deutschen Torschützen der EM-Endrunden seit 1960

Jürgen Klinsmann (VfB Stuttgart/Inter Mailand/Bayern München)	5
Dieter Müller (1. FC Köln)	4
Gerd Müller (Bayern München)	4
Rudi Völler (Werder Bremen/AS Rom)	4
Klaus Allofs (1. FC Köln)	3
Karl Heinz Riedle (Lazio Rom)	3
Oliver Bierhoff (Udinese Calcio)	2
Thomas Häßler (AS Rom)	2
Horst Hrubesch (Hamburger SV)	2
Matthias Sammer (Borussia Dortmund)	2
Michael Ballack (Bayern München)	1
Andreas Brehme (Bayern München)	1
Stefan Effenberg (Bayern München)	1
Heinz Flohe (1. FC Köln)	1
Torsten Frings (Borussia Dortmund)	1
Bernd Hölzenbein (Eintracht Frankfurt)	1
Stefan Kuntz (Besiktas Istanbul)	1
Lothar Matthäus (Bayern München)	1
Andreas Möller (Borussia Dortmund)	1
Karl-Heinz Rummenigge (Bayern München)	1
Mehmet Scholl (Bayern München)	1
Olaf Thon (FC Schalke 04)	1
Herbert Wimmer (Borussia Mönchengladbach)	1
Christian Ziege (Bayern München)	1

Tore im Elfmeterschießen nach Verlängerung bleiben in dieser Rangliste unberücksichtigt. – Die Vereinsangabe(n) beziehen sich auf den Zeitpunkt, an dem der betreffende Spieler bei einer EM-Endrunde traf.

Die Spiele der Qualifikation

Gruppe 1

7. 9. 02	Zypern – Frankreich		1:2
7. 9. 02	Slowenien – Malta		3:0
12. 10. 02	Malta – Israel		0:2
12. 10. 02	Frankreich – Slowenien		5:0
16. 10. 02	Malta – Frankreich		0:4
20. 11. 02	Zypern – Malta		2:1
29. 3. 02	Zypern – Israel		1:1
29. 3. 02	Frankreich – Malta		6:0
2. 4. 03	Slowenien – Zypern		4:1
2. 4. 03	Israel – Frankreich (in Palermo)		1:2
30. 4. 03	Malta – Slowenien		1:3
30. 4. 03	Israel – Zypern (in Palermo)		2:0
7. 6. 03	Malta – Zypern		1:2
7. 6. 03	Israel – Slowenien (in Antalya)		0:0
6. 9. 03	Slowenien – Israel		3:1
6. 9. 03	Frankreich – Zypern		5:0
10. 9. 03	Israel – Malta (in Antalya)		2:2
10. 9. 03	Slowenien – Frankreich		0:2
11. 10. 03	Zypern – Slowenien		2:2
11. 10. 03	Frankreich – Israel		3:0
1. Frankreich	8	29: 2	24
2. Slowenien	8	15:12	14
3. Israel	8	9:11	9
4. Zypern	8	9:18	8
5. Malta	8	5:24	1

Gruppe 2

7. 9. 02	Norwegen – Dänemark		2:2
7. 9. 02	Bosnien-Herzeg. – Rumänien		0:3
12. 10. 02	Dänemark – Luxemburg		2:0
12. 10. 02	Rumänien – Norwegen		0:1
16. 10. 02	Norwegen – Bosnien-Herzeg.		2:0
16. 10. 02	Luxemburg – Rumänien		0:7
29. 3. 03	Rumänien – Dänemark		2:5
29. 3. 03	Bosnien-Herzeg. – Luxemburg		2:0
2. 4. 03	Luxemburg – Norwegen		0:2
2. 4. 03	Dänemark – Bosnien-Herzeg.		0:2
7. 6. 03	Dänemark – Norwegen		1:0
7. 6. 03	Rumänien – Bosnien-Herzeg.		2:0
11. 6. 03	Norwegen – Rumänien		1:1
11. 6. 03	Luxemburg – Dänemark		0:2
6. 9. 03	Bosnien-Herzeg. – Norwegen		1:0
6. 9. 03	Rumänien – Luxemburg		4:0
10. 9. 03	Luxemburg – Bosnien-Herzeg.		0:1
10. 9. 03	Dänemark – Rumänien		2:2
11. 10. 03	Norwegen – Luxemburg		1:0
11. 10. 03	Bosnien-Herzeg. – Dänemark		1:1
1. Dänemark	8	15: 9	15
2. Norwegen	8	9: 5	14
3. Rumänien	8	21: 9	14
4. Bosnien-Herzegowina	8	7: 8	13
5. Luxemburg	8	0:21	0

Gruppe 3

7. 9. 02	Österreich – Moldawien		2:0
7. 9. 02	Niederlande – Weißrussland		3:0
12. 10. 02	Weißrussland – Österreich		0:2
12. 10. 02	Moldawien – Tschechien		0:2
16. 10. 02	Tschechien – Weißrussland		2:0
16. 10. 02	Österreich – Niederlande		0:3
29. 3. 03	Weißrussland – Moldawien		2:1
29. 3. 03	Niederlande – Tschechien		1:1
2. 4. 03	Tschechien – Österreich		4:0
2. 4. 03	Moldawien – Niederlande		1:2
7. 6. 03	Moldawien – Österreich		1:0
7. 6. 03	Weißrussland – Niederlande		0:2
11. 6. 03	Tschechien – Moldawien		5:0
11. 6. 03	Österreich – Weißrussland		5:0
6. 9. 03	Niederlande – Österreich		3:1
6. 9. 03	Weißrussland – Tschechien		1:3
10. 9. 03	Tschechien – Niederlande		3:1
10. 9. 03	Moldawien – Weißrussland		2:1
11. 10. 03	Österreich – Tschechien		2:3
11. 10. 03	Niederlande – Moldawien		5:0
1. Tschechien	8	23: 5	22
2. Niederlande	8	20: 6	19
3. Österreich	8	12:14	9
4. Moldawien	8	5:19	6
5. Weißrussland	8	4:20	3

Gruppe 4

7. 9. 02	San Marino – Polen		0:2
7. 9. 02	Lettland – Schweden		0:0
12. 10. 02	Schweden – Ungarn		1:1
12. 10. 02	Polen – Lettland		0:1
16. 10. 02	Ungarn – San Marino		3:0
20. 11. 02	San Marino – Lettland		0:1
29. 3. 03	Polen – Ungarn		0:0
2. 4. 03	Polen – San Marino		5:0
2. 4. 03	Ungarn – Schweden		1:2
30. 4. 03	Lettland – San Marino		3:0
7. 6. 03	Ungarn – Lettland		3:1
7. 6. 03	San Marino – Schweden		0:6
11. 6. 03	Schweden – Polen		3:0
11. 6. 03	San Marino – Ungarn		0:5
6. 9. 03	Lettland – Polen		0:2
6. 9. 03	Schweden – San Marino		5:0
10. 9. 03	Polen – Schweden		0:2
10. 9. 03	Lettland – Ungarn		3:1
11. 10. 03	San Marino – Lettland		0:1
11. 10. 03	Ungarn – Polen		1:2
1. Schweden	8	19: 3	17
2. Lettland	8	10: 6	16
3. Polen	8	11: 7	13
4. Ungarn	8	15: 9	11
5. San Marino	8	0:30	0

Gruppe 5

Die deutsche Gruppe:

7. 9. 2002 in Kaunas
Litauen – Deutschland 0:2

Litauen: Stauce – Stankevicius, Gleweckas, Dedura, Skarbalius – Semberas, Zutautas, Mikalajunas – Razanauskas (71. Morinas) – Poskus, Jankauskas (78. Fomenko).
Deutschland: Kahn – Linke, Ramelow, Metzelder – Hamann – Frings, Böhme – Ballack – Schneider (86. Jeremies) – Klose, Jancker (69. Neuville).
Tore: 0:1 Ballack (27.), 0:2 Stankevicius (59., Eigentor) – SR: Poll (England) – Zuschauer: 8500.

7. 9. 2002 in Toftir
Färöer – Schottland 2:2

12. 10. 2002 in Reykjavik
Island – Schottland 0:2

12. 10. 2002 in Kaunas
Litauen – Färöer 2:0

16. 10. 2002 in Reykjavik
Island – Litauen 3:0

16. 10. 2002 in Hannover
Deutschland – Färöer 2:1

Deutschland: Kahn – Friedrich, Ramelow (46. Freier), Wörns – Jeremies, Hamann, Frings – Schneider (87. Kehl), Ballack – Jancker (69. Neuville), Klose.
Färöer: Mikkelsen – Thorsteinsson, Johannesen, Roi Jacobsen, J. K. Hansen – Borg (71. Elltör), Johnsson, Ö. Hansen, Benjaminsen – J. Petersen (87. H. L. Petersen), Flötum (78. C. H. Jacobsen).
Tore: 1:0 Ballack (2., Foulelfmeter), 1:1 Friedrich (45./+1, Eigentor), 2:1 Klose (59.) – SR: Koren (Israel) – Zuschauer: 36 628.

29. 3. 2003 in Glasgow
Schottland – Island 2:1

29. 3. 2003 in Nürnberg
Deutschland – Litauen 1:1

Deutschland: Kahn – Frings, Friedrich, Wörns, Rau (82. Freier) – Schneider, Ramelow, Hamann, Böhme (46. Rehmer) – Klose, Bobic (72. Kuranyi).
Litauen: Stauce – Semberas, Zvirgzdauskas, Dedura, Barasa – Morinas, Petrenka (87. Dziaukstas), Pukelevicius (46. Maciulevicius), Mikalajunas – Razanauskas, Jankauskas (90. Fomenka).

Umkämpft: Gegen die von Berti Vogts trainierten Schotten gelangen ein Remis und ein knapper Sieg. Fredi Bobic traf bei beiden Spielen zur Führung (rechtes Bild).

Leistungsträger: Michael Ballack, hier gegen die Schotten und mit Teamchef Rudi Völler, fehlte nur im Heimspiel gegen Litauen und auf den Färöern.

Tore: 1:0 Ramelow (8.), 1:1 Razanauskas (73.) – SR: Esquinas Torres (Spanien) – Zuschauer: 40 754.

2. 4. 2003 in Kaunas
Litauen – Schottland 1:0

7. 6. 2003 in Glasgow
Schottland – Deutschland 1:1

Schottland: Douglas – Ross (73. McNamara), Pressley, Webster, Naysmith – Devlin (60. Rae), Cameron, Lambert, Dailly – Miller (89. Thompson), Crawford.
Deutschland: Kahn – Friedrich, Ramelow, Wörns – Frings, Jeremies, Rau (57. Freier) – Schneider (85. Kehl), Ballack – Bobic, Klose (73. Neuville).
Tore: 0:1 Bobic (22.), 1:1 Miller (69.) – SR: Messina (Italien) – Zuschauer: 48 047.

7. 6. 2003 in Reykjavik
Island – Färöer 2:1

11. 6. 2003 in Torshavn
Färöer – Deutschland 0:2

Färöer: Mikkelsen – Joensen, Johannesen, J. R. Jacobsen, Thorsteinsson – a Borg (61. Elttör), Johnsson, Benjaminsen, R. Jacobsen – J. Petersen, C. H. Jacobsen (76. J. I. Petersen).
Deutschland: Kahn (46. Rost) – Friedrich, Ramelow, Wörns – Freier, Jeremies (65. Klose), Kehl, Rau (72. Hartmann) – Schneider – Bobic, Neuville.
Tore: 0:1 Klose (89.), 0:2 Bobic (90./+2) – SR: Wegereef (Niederlande) – Zuschauer: 6500.

11. 6. 2003 in Kaunas
Litauen – Island 0:3

20. 8. 2003 in Torshavn
Färöer – Island 1:2

6. 9. 2003 in Glasgow
Schottland – Färöer 3:1

6. 9. 2003 in Reykjavik
Island – Deutschland 0:0

Island: Arason – L. O. Sigurdsson, Bjarnason, Hreidarsson – T. Gudjonsson, Marteinsson (75. Gretarsson), I. Sigurdsson (84. Vidarsson) – J. K. Gudjonsson, R. Kristinsson – Gudjohnsen, Helguson (H. Sigurdsson).
Deutschland: Kahn – Friedrich, Wörns, Baumann – Schneider (69. Deisler), Ramelow, Ballack, Kehl, Rahn (60. Hartmann) – Klose, Neuville (46. Kuranyi).
SR: Barber (England) – Zuschauer: 7065.

10. 9. 2003 in Toftir
Färöer – Litauen 1:3

10. 9. 2003 in Dortmund
Deutschland – Schottland 2:1

Deutschland: Kahn – Rehmer, Ramelow, Wörns – Friedrich, Baumann, Rau – Schneider (81. Kehl), Ballack – Bobic (76. Bobic), Kuranyi.

Schottland: Douglas – McNamara, Pressley, Dailly, Naysmith – Lambert (46. Ross), Ferguson, Cameron, McCann – McFadden (53. Rae), Thompson.
Tore: 1:0 Bobic (25.), 2:0 Ballack (50., Foulelfmeter), 2:1 McCann (60.) – SR: Frisk (Schweden) – Zuschauer: 67 000 – Gelb-Rote Karte: Ross (66.).

11. 10. 2003 in Glasgow
Schottland – Litauen 1:0

11. 10. 2003 in Hamburg
Deutschland – Island 3:0

Deutschland: Kahn – Friedrich, Ramelow, Wörns – Hinkel, Baumann, Rahn – Schneider, Ballack – Bobic (71. Klose), Kuranyi (85. Neuville).
Island: Arason – Ingimarsson, Bjarnason, Hreidarsson, I. Sigurdsson (66. Dadason) – T. Gudjonsson, Gretarsson (79. V. P. Gunnarsson), Vidarsson – Kristinsson – Gundjohnsen, H. Sigurdsson (79. B. B. Gunnarsson).
Tore: 1:0 Ballack (9.), 2:0 Bobic (60.), 3:0 Kuranyi (79.) – SR: Ivanov (Russland) – Zuschauer: 50 780.

1. Deutschland	8	13: 4	18
2. Schottland	8	12: 8	14
3. Island	8	11: 9	13
4. Litauen	8	7:11	10
5. Färöer	8	7:18	1

Gruppe 6

7. 9. 02	Griechenland – Spanien	0:2
7. 9. 02	Armenien – Ukraine	2:2
12. 10. 02	Ukraine – Griechenland	2:0
12. 10. 02	Spanien – Nordirland	3:0
16. 10. 02	Griechenland – Armenien	2:0
16. 10. 02	Nordirland – Ukraine	0:0
29. 3. 03	Armenien – Nordirland	1:0
29. 3. 03	Ukraine – Spanien	2:2
2. 4. 03	Nordirland – Griechenland	0:2
2. 4. 03	Spanien – Armenien	3:0
7. 6. 03	Spanien – Griechenland	0:1
7. 6. 03	Ukraine – Armenien	4:3
11. 6. 03	Nordirland – Spanien	0:0
11. 6. 03	Griechenland – Ukraine	1:0
6. 9. 03	Armenien – Griechenland	0:1
6. 9. 03	Ukraine – Nordirland	0:0
10. 9. 03	Nordirland – Armenien	0:1
10. 9. 03	Spanien – Ukraine	2:1
11. 10. 03	Griechenland – Nordirland	1:0
11. 10. 03	Armenien – Spanien	0:4

1. Griechenland	8	8: 4	18
2. Spanien	8	16: 4	17
3. Ukraine	8	11:10	10
4. Armenien	8	7:16	7
5. Nordirland	8	0: 8	3

Gruppe 7

7. 9. 02	Türkei – Slowakei	3:0
8. 9. 02	Liechtenstein – Mazedonien	1:1
12. 10. 02	Mazedonien – Türkei	1:2
12. 10. 02	Slowakei – England	1:2
16. 10. 02	Türkei – Liechtenstein	5:0
16. 10. 02	England – Mazedonien	2:2
29. 3. 03	Liechtenstein – England	0:2
29. 3. 03	Mazedonien – Slowakei	0:2
2. 4. 03	England – Türkei	2:0
2. 4. 03	Slowakei – Liechtenstein	4:0
7. 6. 03	Slowakei – Türkei	0:1
7. 6. 03	Mazedonien – Liechtenstein	3:1
11. 6. 03	England – Slowakei	2:1
11. 6. 03	Türkei – Mazedonien	3:2
6. 9. 03	Liechtenstein – Türkei	0:3
6. 9. 03	Mazedonien – England	1:2
10. 9. 03	England – Liechtenstein	2:0
10. 9. 03	Slowakei – Mazedonien	1:1
11. 10. 03	Türkei – England	0:0
11. 10. 03	Liechtenstein – Slowakei	0:2

1. England	8	14: 5	20
2. Türkei	8	17: 5	19
3. Slowakei	8	11: 9	10
4. Mazedonien	8	11:14	6
5. Liechtenstein	8	2:22	1

Gruppe 8

7. 9. 02	Belgien – Bulgarien	0:2
7. 9. 02	Kroatien – Estland	0:0
12. 10. 02	Bulgarien – Kroatien	2:0
12. 10. 02	Andorra – Belgien	0:1
16. 10. 02	Bulgarien – Andorra	2:1
16. 10. 02	Estland – Belgien	0:1
29. 3. 03	Kroatien – Belgien	4:0
2. 4. 03	Estland – Bulgarien	0:0
2. 4. 03	Kroatien – Andorra	2:0
30. 4. 03	Andorra – Estland	0:2
7. 6. 03	Bulgarien – Belgien	2:2
7. 6. 03	Estland – Andorra	2:0
11. 6. 03	Estland – Kroatien	0:1
11. 6. 03	Belgien – Andorra	3:0
6. 9. 03	Bulgarien – Estland	2:0
6. 9. 03	Andorra – Kroatien	0:3
10. 9. 03	Belgien – Kroatien	2:1
10. 9. 03	Andorra – Bulgarien	0:3
11. 10. 03	Kroatien – Bulgarien	1:0
11. 10. 03	Belgien – Estland	2:0

1 Bulgarien	8	13: 4	17
2. Kroatien	8	12: 4	16
3. Belgien	8	11: 9	16
4. Estland	8	4: 6	8
5. Andorra	8	1:18	0

Gruppe 9

7. 9. 02	Aserbaidschan – Italien	0:2
7. 9. 02	Finnland – Wales	0:2
12. 10. 02	Finnland – Aserbaidschan	3:0
12. 10. 02	Italien – Jugoslawien*	1:1
16. 10. 02	Jugoslawien* – Finnland	2:0
16. 10. 02	Wales – Italien	2:1
20. 11. 02	Aserbaidschan – Wales	0:2
12. 2. 03	Serbien-Mont. – Aserbaidschan	2:2
29. 3. 03	Wales – Aserbaidschan	4:0
29. 3. 03	Italien – Finnland	2:0
7. 6. 03	Finnland – Serbien-Montenegro	3:0
11. 6. 03	Finnland – Italien	0:2
11. 6. 03	Aserbaidschan – Serbien-Mont.	2:1
20. 8. 03	Serbien-Montenegro – Wales	1:0

STATISTIK

6. 9. 03	Italien – Wales	4:0
6. 9. 03	Aserbaidschan – Finnland	1:2
10. 9. 03	Wales – Finnland	1:1
10. 9. 03	Serbien-Montenegro – Italien	1:1
11. 10. 03	Wales – Serbien-Montenegro	2:3
11. 10. 03	Italien – Aserbaidschan	4:0

*) Jugoslawien heißt seit dem 4. 2. 2003 »Serbien und Montenegro«.

1.	Italien	8	17:4	17
2.	Wales	8	13:10	13
3.	Serbien-Montenegro	8	11:11	12
4.	Finnland	8	9:10	10
5.	Aserbaidschan	8	5:20	4

Gruppe 10

Die Schweizer Gruppe:

7. 9. 2002 in Moskau
Russland – Irland 4:2

8. 9. 2002 in Basel
Schweiz – Georgien 4:1

Schweiz: Stiel – Haas, Henchoz, M. Yakin, Magnin (83. Berner) – Cabanas, Vogel (68. Celestini), Müller – H. Yakin (74. Wicky) – Frei, Chapuisat.
Georgien: Gvaramadze – Shekiladze, Nemsadze, Kaladze – Sadjaia (46. Burduli), Kinkladze (46. Rekhviashvili, Kavelashvili), Tskitishvili, Jamarauli, Kobiashvili – Demetradze, Sh. Arveladze.
Tore: 1:0 Frei (37.), 1:1 Sh. Arveladze (62.), 2:1 H. Yakin (62.), 3:1 Müller (74.), 4:1 Chapuisat (81.) – SR: Hrinak (Slowakei) – Zuschauer: 20 500.

12. 10. 2002 in Tirana
Albanien – Schweiz 1:1

Albanien: Strakosha – Fakaj (89. Sina), Cipi, Xhumba – Duro, Hasi, Lala, Murati – F. Vata, Tare (71. Myrtaj), Haxhi (60. Bushi).
Schweiz: Stiel – Haas, M. Yakin, Müller, Magnin – Cabanas (81. Cantaluppi), Vogel, Wicky – H. Yakin (64. Celestini) – Frei (84. Thurre), Chapuisat.
Tore: 0:1 M. Yakin (37.), 1:1 Murati (79.) – SR: Erdemir (Türkei) – Zuschauer: 7450.

16. 10. 2002 in Wolgograd
Russland – Albanien 4:1

16. 10. 2002 in Dublin
Irland – Schweiz 1:2

Irland: Given – Kelly, Breen, Cunningham, Harte (87. Doherty) – Healy, Kinsella, Holland, Kilbane (62. Morrison) – Keane, Duff.
Schweiz: Stiel – Haas, M. Yakin, Müller, Magnin – Cabanas, Vogel, Wicky (85. Cantaluppi) – H. Yakin (85. Celestini) – Frei (71. Thurre), Chapuisat.
Tore: 0:1 H. Yakin (45.), 1:1 Magnin (78., Eigentor), 1:2 Celestini (87.) – SR: Pedersen (Norwegen) – Zuschauer: 35 000.

29. 3. 2003 in Shkoder
Albanien – Russland 3:1

29. 3. 2003 in Tiflis
Georgien – Irland 1:2

2. 4. 2003 in Tirana
Albanien – Irland 0:0

2. 4. 2003 in Tiflis
Georgien – Schweiz 0:0

Georgien: Lomaia – Khizanishvili, Khizaneishvili, Kemoklidze – Tskitishvili, Nemsadze (46. Didava) – Rekhviashvili, Kobiashvili, Kvirkvelia – Iashvili (46. Sh. Arveladze), Demetradze (73. Ashvetia).
Schweiz: Zuberbühler – Haas, M. Yakin, Müller, Berner – Cabanas (69. Cantaluppi), Vogel, Wicky – H. Yakin (90. Thurre) – Frei (60. Celestini), Chapuisat.
SR: Trivkovic (Kroatien) – Zuschauer: 8000.

30. 4. 2003 in Tiflis
Georgien – Russland 1:0

7. 6. 2003 in Basel
Schweiz – Russland 2:2

Schweiz: Stiel – Haas, Müller (81. Henchoz), M. Yakin, Magnin (60. Berner) – Cabanas, Celestini, Wicky (70. Vogel) – H. Yakin – Chapuisat, Frei.
Russland: Ovchinikov – V. Berezoutski, Ignashevitch, Kovtun – Aldonin, Gusev, Yanovski, Smertin, Semak (81. Evsikov) – Kariaka (51. Bistrov), Popov (46. Sytchev).
Tore: 1:0 Frei (13.), 2:0 Frei (15.), 2:1 Ignashevitch (23.), 2:2 Ignashevitch (67.) – SR: Dauden Ibanez (Spanien) – Zuschauer: 30 500.

7. 6. 2003 in Dublin
Irland – Albanien 2:1

11. 6. 2003 in Genf
Schweiz – Albanien 3:2

Schweiz: Stiel – Haas, M. Yakin, Henchoz (75. Zwyssig), Berner – Cabanas, Vogel, Wicky (64. Spycher) – H. Yakin – Frei (83. Celestini), Chapuisat.
Albanien: Strakosha – Beqiri, Cipi (46. Cana), Aliaj – Duro (73. Dragusha), Hasi, Lala, Skela, Bella – Bushi (62. Rraklli), Tare.
Tore: 1:0 Haas (10.), 1:1 Lala (22.), 2:1 Frei (32.), 3:1 Cabanas (71.), 3:2 Skela (86., Foulelfmeter) – SR: Bennett (England) – Zuschauer: 26 000.

11. 9. 2003 Dublin
Irland – Georgien 2:0

6. 9. 2003 in Dublin
Irland – Russland 1:1

6. 9. 2003 in Tiflis
Georgien – Albanien 3:0

10. 9. 2003 in Moskau
Russland – Schweiz 4:1

Russland: Ovchinnikov – Ignashevits, Onopko, Smertin, Solomatin (46. Sennikov) – Gusev (55. Izmailov), Radimov, Mostovoi, Kariaka – Kerzhakov (76. Sytchev), Bulykin.
Schweiz: Zuberbühler – Meyer, Henchoz, M. Yakin, Berner (70. Wicky) – Cabanas, Celestini, Vogel, Müller (63. Huggel) – Frei (78. Rama), Chapuisat.
Tore: 0:1 Kariaka (12., Eigentor), 1:1 Bulykin (19.), 2:1 Bulykin (32.), 3:1 Bulykin (58.), 4:1 Mostovoi (71.) – SR: Collina (Italien) – Zuschauer: 30 000 – Rote Karte: Cabanas (88.)

10. 9. 2003 in Tirana
Albanien – Georgien 3:1

11. 10. 2003 in Basel
Schweiz – Irland 2:0

Schweiz: Stiel – Haas, M. Yakin, Müller, Spycher – Huggel, Vogel, Wicky – H. Yakin (55. Celestini) – Frei (90.+1 Henchoz), Chapuisat (68. Streller).
Irland: Given – Carr, Breen, O'Shea, Harte, Holland (74. Kinsella), Healy, Kilbane (74. Finnan) – Keane, Connolly (58. Morrison).
Tore: 1:0 H. Yakin (6.), 2:0 Frei (60.) – SR: Frisk (Schweden) – Zuschauer: 30 006.

11. 10. 2003 in Moskau
Russland – Georgien 3:1

1.	Schweiz	8	15:11	15
2.	Russland	8	19:12	14
3.	Irland	8	10:11	11
4.	Albanien	8	11:15	8
5.	Georgien	8	8:14	7

Der Qualifikations-Modus

Neben Veranstalter Portugal qualifizierten sich die zehn Gruppensieger direkt für die EURO 2004. Die zehn Gruppenzweiten ermittelten in Play-offs mit Hin- und Rückspielen fünf weitere EM-Teilnehmer.

Play-offs der Gruppenzweiten

15. 11. 03	Lettland – Türkei	1:0
19. 11. 03	Türkei – Lettland	2:2
15. 11. 03	Schottland – Niederlande	1:0
19. 11. 03	Niederlande – Schottland	6:0
15. 11. 03	Kroatien – Slowenien	1:1
19. 11. 03	Slowenien – Kroatien	0:1
15. 11. 03	Russland – Wales	0:0
19. 11. 03	Wales – Russland	0:1
15. 11. 03	Spanien – Norwegen	2:1
19. 11. 03	Norwegen – Spanien	0:3

Hopp Schwiiz: Die Schweizer qualifizierten sich vor den höher eingeschätzten Russen und Iren für die Endrunde in Portugal. Im abschließenden EM-Test unterlagen die Eidgenossen, hier Hakan Yakin (Nummer 10) im Zweikampf mit Michael Ballack, gegen Deutschland mit 0:2.

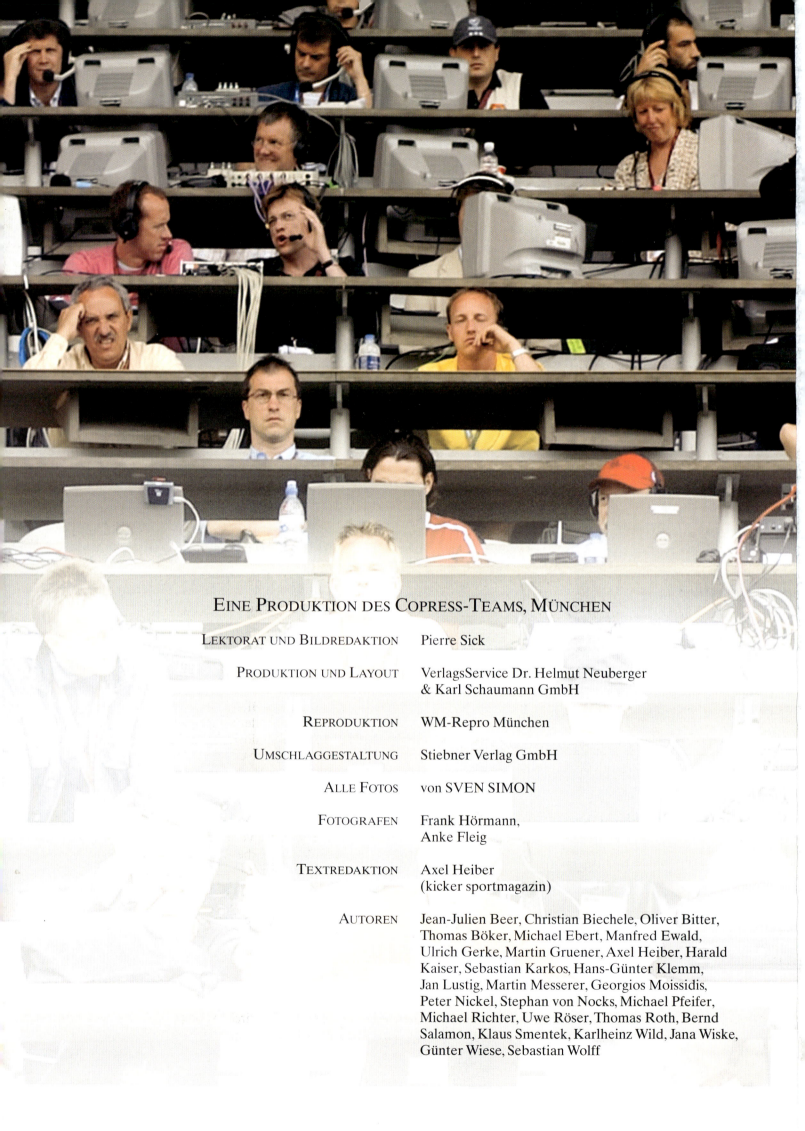

Eine Produktion des Copress-Teams, München

Lektorat und Bildredaktion	Pierre Sick
Produktion und Layout	VerlagsService Dr. Helmut Neuberger & Karl Schaumann GmbH
Reproduktion	WM-Repro München
Umschlaggestaltung	Stiebner Verlag GmbH
Alle Fotos	von SVEN SIMON
Fotografen	Frank Hörmann, Anke Fleig
Textredaktion	Axel Heiber (kicker sportmagazin)
Autoren	Jean-Julien Beer, Christian Biechele, Oliver Bitter, Thomas Böker, Michael Ebert, Manfred Ewald, Ulrich Gerke, Martin Gruener, Axel Heiber, Harald Kaiser, Sebastian Karkos, Hans-Günter Klemm, Jan Lustig, Martin Messerer, Georgios Moissidis, Peter Nickel, Stephan von Nocks, Michael Pfeifer, Michael Richter, Uwe Röser, Thomas Roth, Bernd Salamon, Klaus Smentek, Karlheinz Wild, Jana Wiske, Günter Wiese, Sebastian Wolff

KOMMENTARE	Rainer Holzschuh, Marco Streller
STATISTIK	Ulrich Matheja
VIDEO-ANALYSEN	Frank Thömmes
BIBLIOGRAFISCHE INFORMATION DER DEUTSCHEN BIBLIOTHEK	Die Deutsche Bibliothek verzeichnet diese Publikation in der Deutschen Nationalbibliografie; detaillierte bibliografische Daten sind im Internet über <http://dnb.ddb.de> abrufbar. ISBN 3-7679-0664-3
COPYRIGHT	© 2004 Copress Verlag in der Stiebner Verlag GmbH, München Alle Rechte vorbehalten. Wiedergabe, auch auszugsweise, nur mit Genehmigung des Verlags.
GESAMTHERSTELLUNG	Copress, München. www.copress.de
PAPIER	gedruckt auf Nordland »NopaCoat«
PRINTED IN	Germany, by Sellier Druck, Freising
BINDUNG	Conzella, Pfarrkirchen
ISBN	3-7679-0664-3

DURCHSCHNITTSALTER EINGESETZTE SPIELER

Nation	ø-Alter	Nation	ø-Alter
Frankreich	29,39	Portugal	27,67
Lettland	29,20	Schweiz	27,54
Kroatien	28,83	Deutschland	27,48
Holland	28,69	Tschechien	27,34
Griechenland	28,68	Schweden	26,89
Bulgarien	28,45	Russland	26,70
Dänemark	28,28	England	26,15
Italien	28,02	Spanien	25,56

TREFFERQUOTE

Land	Spiele	Tore	Torschüsse	Trefferquote	Land	Spiele	Tore	Torschüsse	Trefferquote
1. England	4	10	52	5,2	9. Russland	3	2	30	15,0
2. Schweden	4	8	57	7,1	10. Portugal	6	8	132	16,5
3. Griechenland	6	7	52	7,4	11. Italien	3	3	55	18,3
4. Tschechien	5	10	92	9,2	12. Lettland	3	1	21	21,0
5. Frankreich	4	7	67	9,6	13. Spanien	3	2	45	22,5
6. Kroatien	3	4	41	10,3	14. Deutschland	3	2	61	30,5
7. Holland	5	7	94	13,4	15. Bulgarien	3	1	31	31,0
8. Dänemark	4	4	59	14,8	16. Schweiz	3	1	33	33,0

Gruppen C und D

GRUPPE D

TSCHECHIEN

1 Petr Cech (22), Torwart, Stade Rennes
16 Jaromir Blazek (31), Torwart, Sparta Prag
23 Antonin Kinsky (29), Torwart, FC Saturn
5 René Bolf (30), Verteidiger, Banik Ostrau
2 Zdenek Grygera (24), Verteidiger, Ajax Amsterdam
17 Tomás Hübschman (22), Verteidiger, Sparta Prag
6 Marek Jankulovski (27), Verteidiger, Udinese Calcio
13 Martin Jiránek (25), Verteidiger, Reggina Calcio
3 Pavel Mares (28), Verteidiger, Zenit St. Petersburg
22 David Rozehnal (23), Verteidiger, FC Brügge
21 Tomás Ujfalusi (26), Verteidiger, Hamburger SV
4 Tomás Galásek (31), Mittelfeld, Ajax Amsterdam
11 Pavel Nedved (31), Mittelfeld, Juventus Turin
20 Jaroslav Plasil (22), Mittelfeld, AS Monaco
8 Karel Poborsky (32), Mittelfeld, Sparta Prag
10 Tomás Rosicky (23), Mittelfeld, Borussia Dortmund
7 Vladimir Smicer (30), Mittelfeld, FC Liverpool
19 Roman Tyce (27), Mittelfeld, 1860 München
14 Stepan Vachousek (24), Mittelfeld, Olymp. Marseille
15 Milan Baros (22), Stürmer, FC Liverpool
18 Marek Heinz (26), Stürmer, Banik Ostrau
9 Jan Koller (31), Stürmer, Borussia Dortmund
12 Vratislav Lokvenc (30), Stürmer, 1. FC Kaiserslautern

Stratege: Pavel Nedved (31), Tschechien

Kopfballstark: Michael Ballack (27), Deutschland

DEUTSCHLAND

1 Oliver Kahn (34), Torwart, Bayern München
12 Jens Lehmann (34), Torwart, Arsenal London
23 Timo Hildebrand (25), Torwart, VFB Stuttgart
2 Andreas Hinkel (22), Verteidiger, VFB Stuttgart
3 Arne Friedrich (25), Verteidiger, Hertha BSC Berlin
4 Christian Wörns (32), Verteidiger, B. Dortmund
5 Jens Nowotny (30), Verteidiger, Bayer Leverkusen
6 Frank Baumann (28), Verteidiger, Werder Bremen
17 Christian Ziege (32), Verteidiger, Tottenham Hotspur
21 Philipp Lahm (20), Verteidiger, VfB Stuttgart
15 Sebastian Kehl (24), Mittelfeld, Borussia Dortmund
8 Dietmar Hamann (30), Mittelfeld, FC Liverpool
13 Michael Ballack (27), Mittelfeld, Bayern München
16 Jens Jeremies (30), Mittelfeld, Bayern München
7 Bastian Schweinsteiger (19), Mittelfeld, B. München
18 Fabian Ernst (25), Mittelfeld, Werder Bremen
19 Bernd Schneider (30), Mittelfeld, Bayer Leverkusen
22 Torsten Frings (27), Mittelfeld, Borussia Dortmund
9 Fredi Bobic (32), Stürmer, Hertha BSC Berlin
10 Kevin Kuranyi (22), Stürmer, VFB Stuttgart
11 Miroslav Klose (26), Stürmer, 1. FC Kaiserslautern
14 Thomas Brdaric (29), Stürmer, Hannover 96
20 Lukas Podolski (19), Stürmer, 1. FC Köln

LETTLAND

1 Aleksandrs Kolinko (28), Torwart, FK Rostov
20 Andrejs Pavlovs (25), Torwart, Skonto Riga
12 Andrejs Piedels (33), Torwart, Skonto Riga
6 Olegs Blagonadezdins (31), Verteidiger, Skonto Riga
7 Aleksandrs Isakovs (30), Verteidiger, Skonto Riga
8 Igors Korablovs (29), Verteidiger, FK Ventspils
14 Valentins Lobanovs (32), Verteidiger, M. Saporoschje
15 Maris Smirnovs (28), Verteidiger, FK Ventspils
2 Igor N. Stepanovs (28), Verteidiger, SK Beveren
22 Arturs Zakresevskis (32), Verteidiger, Skonto Riga
4 Mihails Zemlinskis (34), Verteidiger, Skonto Riga
16 Dzintars Zirnis (27), Verteidiger, Metalurgs Liepaja
3 Vitalis Astafjevs (33), Mittelfeld, Admira W. Mödling
18 Imants Bleidelis (28), Mittelfeld, Viborg FF
5 Juris Laizans (25), Mittelfeld, ZSKA Moskau
13 Jurgis Pucinskis (31), Mittelfeld, Wladiwostok
10 Andrejs Rubins (25), Mittelfeld, Schinnik Jaroslawl
21 Mihails Miholaps (29), Stürmer, Skonto Riga
17 Marian Pahars (27), Stürmer, FC Southampton
11 Andrejs Prohorenkovs (27), Stürmer, Tel Aviv
23 Vits Rimkus (30), Stürmer, FK Ventspils
19 Andrejs Stolcers (29), Stürmer, FC Fulham
9 Maris Verpakovskis (24), Stürmer, Dynamo Kiew

Neuer Volksheld: Maris Verpakovskis (24), Lettland

Torgarantie: Ruud van Nistelrooy (27), Holland

HOLLAND

1 Edwin van der Sar (33), Torwart, FC Fulham
13 Ronald Waterreus (33), Torwart, PSV Eindhoven
23 Sander Westerveld (29), Torwart, San Sebastián
15 Frank de Boer (24), Verteidiger, Glasgow Rangers
18 Johnny Heitinga (20), Verteidiger, Ajax Amsterdam
2 Michael Reiziger (31), Verteidiger, FC Barcelona
3 Jaap Stam (31), Verteidiger, Lazio Rom
21 Paul Bosvelt (34), Mittelfeld, Manchester City
4 Wilfred Bouma (25), Mittelfeld, PSV Eindhoven
6 Phillip Cocu (33), Mittelfeld, FC Barcelona
8 Edgar Davids (31), Mittelfeld, FC Barcelona
20 Clarence Seedorf (28), Mittelfeld, AC Mailand
14 Wesley Sneijder (19), Mittelfeld, Ajax Amsterdam
5 Giovanni van Bronckhorst (29), Mittelf., FC Barcelona
11 Rafael van der Vaart (21), Mittelfeld, Amsterdam
22 Boudewijn Zenden (27), Mittelfeld, Middlesbrough
9 Patrick Kluivert (27), Stürmer, FC Barcelona
12 Roy Makaay (29), Stürmer, Bayern München
16 Marc Overmars (31), Stürmer, FC Barcelona
19 Arjen Robben (20), Stürmer, PSV Eindhoven
7 Andy van der Meyde (24), Stürmer, Inter Mailand
17 Pierre van Hooijdonk (34), Stürmer, Fenerbahçe
10 Ruud van Nistelrooy (27), Stürmer, Manchester Utd.

WEITERE TOPS DER EM

WAYNE ROONEY (18): Der Wunderstürmer aus Everton schoss bei seiner ersten EM 4 Tore. Im Viertelfinale gegen Portugal brach er sich den rechten Mittelfuß. Der Anfang von Englands Ende.

RICARDO (28): Ohne Handschuhe wehrte der Torhüter von Sporting Lissabon im Elfmeterschießen gegen England den Schuss von Darius Vassell ab. Dann schoss er Portugal ins Halbfinale.

RUUD VAN NISTELROOY (28): Viermal traf der Holländer von Manchester United bei seinem ersten großen Turnier.

MANICHE (26): Als Letzter rutschte der Mann vom FC Porto in den EM-Kader Portugals. Sein Effet-Schuss in den Winkel zum 2:0 gegen Holland brachte sein Land ins Finale.

CRISTIANO RONALDO (19): Dribbelstark wie alle portugiesischen Stürmer. Doch Ronaldo (Manchester United) überraschte zudem mit wuchtigen Kopfballtoren. Einen wie ihn gab es zuvor in Portugal nicht.

ZLATAN IBRAHIMOVIC (22): Der Schwede erzielte das ungewöhnlichste Tor der EM: Mit der rechten Hacke traf der Angreifer von Ajax Amsterdam im Sprung zum 1:1 gegen Italien.

HENRIK LARSSON (32): Eine Unterschriften-Kampagne in Schweden und die Bitte seines Sohnes ließen ihn zur EM in die Nationalelf zurückkehren. Seine Bilanz: drei Tore.

Die 10 Stadien

PORTO: Estádio do Dragão

In unmittelbarer Nähe des alten Antas-Stadions hat der FC Porto (Spitzname: die Drachen) seine neue, 52 000 Zuschauer fassende Arena errichtet. Augenfälligstes Merkmal des inmitten eines Parks gelegenen Estádio do Dragão ist das transparente Dach, das aus 280 Tonnen Stahl gefertigt wurde. Die Anzeigetafeln sind drehbar. Drei Gruppenspiele (unter anderem das Eröffnungsspiel Portugal gegen Griechenland und die Begegnung Deutschland gegen Holland), ein Viertel- und ein Halbfinale werden hier ausgetragen.

PORTO: Estádio do Bessa-Século XXI

Im Estádio do Bessa-Século XXI in Porto bekommt es Rudi Völlers Elf mit der vermeintlich leichtesten Aufgabe der Vorrunde zu tun: Lettland. Der Wettkampfplatz von Boavista wurde renoviert und mit vier neuen, überdachten Tribünen EM-tauglich gemacht (30 000 Plätze). Ins Auge fallen die rechteckige Konstruktion und die aus Aluminium, Ziegeln und Stahl gefertigten Außenwände. Nach dem Spiel bieten sich in der Hafenstadt genügend Möglichkeiten, das eine oder andere Glas des legendären Portweins zu genießen.

LISSABON: Estádio da Luz

Das EM-Finale wird am 4. Juli in »der Kathedrale« stattfinden. So nennen zumindest die Fans des Heimatvereins Benfica das neue »Estádio da Luz« (Stadion des Lichts). Die Uefa erklärte den 65 272 Menschen fassenden Neubau im Norden Lissabons bereits vorab zum »Juwel des Turniers«. Architekt Damon Lavelle, der schon für das Olympiastadion in Sydney verantwortlich zeichnete, vergaß nicht, die beiden Benfica-Symbole (Adler und eine Statue von Eusébio) in die Sportstätte zu integrieren.

LISSABON: Estádio José Alvalade

Die neue Heimat von Sporting Lissabon ist nicht nur für die Auftritte klangvoller Fußballmannschaften gerüstet. Architekt Tomás Taveira berücksichtigte in seiner Konzeption auch akustische Aspekte: Die Arena kann auch für musikalische Großveranstaltungen genutzt werden. Zunächst ist die prächtige Bühne allerdings für drei Gruppenspiele – unter anderem Deutschland gegen Tschechien –, ein Viertelfinale und ein Halbfinale reserviert. Das Estádio José Alvalade bietet 52 000 Menschen Platz.

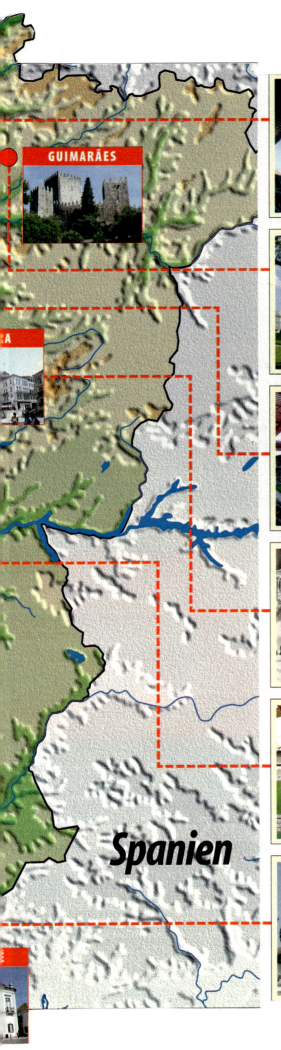

BRAGA: Estádio Municipal de Braga

Eines der ungewöhnlichsten Stadien der Welt erwartet die Besucher in Portugals drittgrößter Stadt. Architekt Souto Moura begnügte sich damit, an den Längsseiten zwei Tribünen zu errichten – die beiden Stirnseiten werden von riesigen aufragenden Felsen geprägt. Die Parallelen zu einem antiken Amphitheater sind beabsichtigt. Kapazität: 30 000 Zuschauer. Die Vorrunde fällt in die Zeit des »Festas de São João«, eines Fests zu Ehren des Heiligen Johannes. Auch ohne EM kommen dafür regelmäßig 500 000 Gäste nach Braga.

GUIMARÃES: Estádio D. Afonso Henriques

Die Arena ist nach König Alfons I. benannt, der in Guimarães geboren wurde und die Stadt zur ersten Hauptstadt des Landes machte. Der erste König legte den Grundstein für ein unabhängiges Portugal. Das 150 000 Einwohner zählende Guimarães gilt als Wiege des Landes. Die vier Tribünen des Stadions des SC Vitória (30 000 Zuschauer) wurden komplett neu konzipiert und ausgebaut. Im Garten eines Schlosses gelegen, macht der kastenförmige Bau nicht unbedingt den Anschein, ein Stadion zu sein.

AVEIRO: Estádio Municipal de Aveiro

Ein erster Blick lässt einen für einen kurzen Moment zweifeln: Nein, man befindet sich keinesfalls im Pariser Stadtteil Saint-Denis, sondern an der portugiesischen Atlantikküste. Architekt Tomás Taveira hat hier für die EM eine etwas kleinere, aber wesentlich buntere Ausgabe des Stade de France geschaffen. 30 000 Sitzplätze bietet die Heimat des SC Beira Mar, alle sind durch ein lichtdurchlässiges High-Tech-Dach geschützt. In der durch die Kanäle des Ria-Flusses geprägten Stadt finden zwei Spiele der deutschen Vorrundengruppe statt.

COIMBRA: Estádio Municipal de Coimbra

Die Heimat von Académica de Coimbra ist kein Neubau, dennoch ist das alte Stadion kaum wiederzuerkennen. Ein Oberrang wurde über den bestehenden Tribünen errichtet, zwei Drittel der 30 000 Sitzplätze sind überdacht. Von außen fallen die futuristischen Säulen ins Auge. Die Universitätsstadt bietet für die Zeit vor, zwischen und nach den beiden Vorrundenspielen Gelegenheit zum Entspannen: Zum Beispiel auf der »Escadas Monumentais« (Monumentale Treppe), dem traditionellen Kaffee-Treffpunkt der Studenten.

LEIRIA: Estádio Dr. Magalhães Pessoa

Der Standort des Estádio Dr. Magalhães Pessoa ist geschichtsträchtig. Das geschwungene Dach gibt die Aussicht auf das Schloss von Leira frei, in dem sich in früheren Zeiten entscheidende Schlachten zutrugen. Und im Kiefernwald, der das Stadion umgibt, schlugen Portugals Seefahrer einst die Bäume für den Bau ihrer Schiffe. Die Fassade der Sportstätte erinnert an bunte Spielklötze. Drei neue überdachte Tribünen wurden angebaut, um die Kapazität für die beiden Vorrundenspiele der EM auf 30 000 zu erhöhen.

FARO-LOULÉ: Estádio Algarve

Vielseitigkeit war eines der vorrangigsten Bauziele des Estádio Algarve. Zwischen den Städten Loulé und Faro in Portugals beliebtester Tourismus-Region werden die 30 000 Plätze im Stadion nur während der EM benötigt. Nach dem Turnier wird durch den Abbau zweier Tribünen Platz für eine Tartanbahn geschaffen, die Sportstätte so multifunktional gemacht. Zwei Vorrundenspiele und ein Viertelfinale werden hier stattfinden – Letzteres mit dem Zweiten der deutschen Vorrundengruppe D.